EL CAMINO DEL RESTAURADOR

Cómo Convertir Tu Restaurante en un Éxito

Por: Germán De Bonis

A los miles de emprendedores y empresarios de la restauración que día a día luchan por sostenes empresas que traen alegría y experiencias inolvidables al mundo, preocupados por el crecimiento de sus equipos y el legado de una marca reconocida.

Gracias Señor, por esta bendición que es llevar conocimiento y experiencias al resto del mundo.

ÍNDICE

BIENVENIDA

¡Bienvenido a esta aventura gastronómica! Si estás aquí, es porque sabes que tu restaurante puede alcanzar nuevas alturas. Yo soy Germán, y después de años de experiencia en el mundo de la restauración, quiero compartir contigo todo lo que he aprendido. Este libro no solo te dará herramientas prácticas, sino que también te inspirará a tomar acción y a llevar tu negocio al siguiente nivel.

Historia Personal Breve

Desde muy joven, he estado inmerso en el mundo de la hostelería. Comencé detrás de la barra en el negocio familiar, y con el tiempo, fui adquiriendo más responsabilidades hasta llegar a dirigir múltiples establecimientos. He vivido éxitos, fracasos, momentos de gran alegría y desafíos inesperados. Hoy, quiero compartir contigo todo ese conocimiento para que tú también puedas triunfar en este apasionante mundo.

Objetivos del Libro

Este libro está diseñado para ser tu guía práctica. No solo encontrarás consejos y estrategias, sino también ejercicios prácticos y checklists que te ayudarán a implementar mejoras inmediatas. Quiero que te sientas motivado y capaz de transformar tu restaurante en un lugar donde tanto tus clientes como tu equipo quieran regresar una y otra vez.

CAPÍTULO 1: PREPARACIÓN DEL TERRENO

Imagina que eres un explorador a punto de adentrarte en una selva desconocida. Antes de partir, necesitas un mapa, herramientas y un plan claro. Preparar el terreno para optimizar tu restaurante es exactamente lo mismo. Sin una evaluación inicial y un plan bien estructurado, podrías encontrarte perdido en la jungla de la gestión diaria.

Antes de comenzar cualquier mejora, es esencial entender en qué punto estás. Realizar una auditoría inicial es como tomar una radiografía de tu restaurante: te muestra dónde están los puntos fuertes y dónde necesitas mejorar.

Evaluación Inicial del Restaurante

La evaluación inicial de tu restaurante es un proceso detallado que puede revelar problemas ocultos y oportunidades de mejora que no son evidentes a simple vista. Aquí tienes una guía paso a paso para realizar esta evaluación:

1. **Revisión del Exterior del Restaurante**
   - **Fachada**: La primera impresión cuenta. Asegúrate de que la fachada esté limpia, bien mantenida y atractiva. La pintura debe estar en buen estado, y cualquier cartel o letrero debe ser visible y legible.
   - **Iluminación Exterior**: La iluminación exterior es crucial, especialmente durante la noche. Asegúrate de que todas las luces funcionen correctamente y de que la entrada esté bien iluminada.
   - **Mobiliario Exterior**: Si tienes una terraza o asientos al aire libre, asegúrate de que los muebles estén en buen estado y sean cómodos. La limpieza regular de estos espacios es fundamental

2. **Revisión del Interior del Restaurante**
   - **Sala Principal**: La sala debe estar limpia y ordenada. Las mesas y sillas deben estar en buen estado, y la decoración debe ser coherente y atractiva. Considera la comodidad y la disposición del mobiliario para asegurar un flujo fácil de clientes y personal.
   - **Baños**: Los baños deben estar impecablemente limpios. Esta es un área crítica que puede influir significativamente en la percepción de los clientes sobre la limpieza general del restaurante.
   - **Ambiente**: La música, la temperatura y la iluminación interior deben estar

bien balanceadas para crear un ambiente acogedor.

3. **Revisión de la Cocina**
   - **Limpieza y Organización**: La cocina debe estar limpia y bien organizada. Los equipos y utensilios deben estar en buen estado y listos para usar. Implementa un sistema de almacenamiento que facilite el acceso rápido a los ingredientes y herramientas necesarios.
   - **Equipos de Cocina**: Revisa todos los equipos para asegurarte de que funcionen correctamente. Un equipo defectuoso no solo ralentiza el servicio sino que también puede ser peligroso.
   - **Stock de Ingredientes**: Asegúrate de tener suficientes ingredientes frescos y de calidad. Mantén un inventario actualizado para evitar faltantes o desperdicios.

4. **Revisión del Personal**
   - **Motivación y Actitud**: Observa la actitud y motivación de tu personal. Un equipo motivado es esencial para un servicio excelente. Realiza reuniones regulares para escuchar sus inquietudes y sugerencias.
   - **Capacitación**: Asegúrate de que todo el personal esté bien capacitado en sus roles específicos. La formación continua es clave para mantener altos estándares de servicio.

- **Comunicación**: Fomenta una comunicación abierta y efectiva entre todos los miembros del equipo. Utiliza herramientas de comunicación interna para facilitar la coordinación diaria.

5. **Evaluación del Servicio al Cliente**
   - **Calidad del Servicio**: Observa cómo se atiende a los clientes desde el momento en que entran hasta que se van. La atención debe ser rápida, amable y profesional.
   - **Manejo de Quejas**: Analiza cómo se manejan las quejas y problemas de los clientes. Un manejo efectivo de quejas puede convertir una mala experiencia en una oportunidad para fidelizar al cliente.
   - **Retroalimentación del Cliente**: Implementa un sistema para recolectar y analizar la retroalimentación de los clientes. Utiliza esta información para identificar áreas de mejora.

Recuerdo una vez, en uno de los restaurantes que dirigí, cuando todo parecía estar bien a simple vista. Pero después de una auditoría exhaustiva, descubrimos varias áreas que necesitaban atención urgente: una cocina desorganizada, equipo desmotivado y una decoración que necesitaba un toque fresco. Fue un verdadero despertar.

Ejercicios Prácticos: Auditoría Rápida

Ahora que tienes la lista, es hora de poner manos a la obra. Realiza esta auditoría rápida para obtener una visión general del estado de tu restaurante. Sigue estos pasos:

1. **Planificación**: Programa una fecha y hora para realizar la auditoría. Involucra a tu equipo y asegúrate de que todos estén preparados. Recuerdo una vez que programamos una auditoría sorpresa y la sorpresa fue nuestra al encontrar varios aspectos que necesitaban mejora inmediata.
2. **Ejecución**: Utiliza la checklist para evaluar cada área. Toma notas detalladas y fotos si es necesario. No te saltes nada, cada detalle cuenta.
3. **Análisis**: Revisa los resultados y destaca las áreas que necesitan mejoras urgentes. A veces, los problemas más pequeños pueden convertirse en grandes si no se abordan a tiempo.
4. **Plan de Acción**: Desarrolla un plan de acción para abordar los problemas identificados. Asigna responsabilidades y establece plazos. La clave es actuar de inmediato para ver resultados rápidos.

Historias de Éxito: El Poder de una Buena Preparación

Con un cliente, decidimos hacer una auditoría completa antes de una gran renovación. Durante el proceso, descubrimos que nuestro menú estaba desactualizado y no reflejaba las preferencias actuales de nuestros clientes. También encontramos que la disposición de la cocina no era la más eficiente, lo que ralentizaba el servicio. Al abordar estos problemas de inmediato, no solo mejoramos la eficiencia, sino que también aumentamos nuestra base de clientes leales. Este tipo de preparación es crucial para el éxito a largo plazo.

Preparar el terreno es el primer paso hacia la optimización de tu restaurante. Al realizar una evaluación inicial exhaustiva, puedes identificar áreas de mejora y desarrollar un plan de acción efectivo. Recuerda, cada detalle cuenta y la preparación adecuada puede marcar la diferencia entre el éxito y el fracaso.

CAPÍTULO 2: OPTIMIZACIÓN DE LA OPERACIÓN

L a gestión eficiente de un restaurante es como dirigir una sinfonía: cada instrumento (o miembro del equipo) debe estar perfectamente afinado y sincronizado. Un restaurante exitoso no solo se basa en la calidad de su comida, sino también en la eficiencia operativa, la motivación del personal y la gestión adecuada de recursos. En este capítulo, exploraremos cómo optimizar la operación de tu restaurante, basándonos en experiencias reales y estudios de caso.

Gestión del Personal: Motivación y Entrenamiento

Recuerdo una vez cuando nuestro restaurante enfrentaba serios problemas de motivación entre el personal. Las quejas de los clientes aumentaban y el ambiente de trabajo era tenso. Decidí que era hora de intervenir. Implementamos un programa de reconocimiento y formación que transformó completamente la dinámica del equipo. Aquí te dejo algunas estrategias que utilizamos:

- **Reconocimiento Público**: Cada viernes, teníamos una pequeña ceremonia donde reconocíamos los logros destacados de la semana. Una vez, Marta, una de nuestras camareras, manejó con maestría una situación complicada con un cliente difícil. Su reconocimiento frente al equipo no solo elevó su moral, sino que también motivó a otros a mejorar su desempeño.
- **Oportunidades de Crecimiento**: Implementamos talleres mensuales con expertos en diferentes áreas del servicio y la cocina. Ver cómo el equipo se entusiasmaba por aprender nuevas habilidades fue increíble. Esto no solo mejoró la calidad del servicio, sino que también redujo la rotación de personal.
- **Ambiente de Trabajo Positivo**: Organizar actividades fuera del trabajo, como salidas de equipo a parques de aventuras, fortaleció el espíritu de camaradería. Estas actividades ayudaron a construir relaciones más sólidas y a crear un ambiente de trabajo más positivo y colaborativo.

"El equipo hace al restaurante" - Gordon Ramsay

Checklist de Tareas Diarias y Semanales

Una organización meticulosa es crucial para el éxito diario y semanal del restaurante. Aquí tienes una lista de tareas que nos ayudaron a mantener todo en orden:

1. **Tareas Diarias**
   - **Revisión de Limpieza**: Cada mañana, inspeccionábamos todas las áreas para

asegurar que todo estuviera impecable. La primera impresión es fundamental.

- **Comprobación de Stock**: Realizábamos un inventario rápido para asegurarnos de que no faltara nada esencial durante el servicio.
- **Briefing Diario**: Un encuentro breve con el equipo para repasar el menú del día, las reservas y cualquier evento especial.
- **Supervisión del Servicio**: Durante el servicio, me aseguraba de estar presente para supervisar y apoyar al equipo.

2. **Tareas Semanales**
   - **Revisión del Menú**: Cada semana, analizábamos el menú y hacíamos ajustes basados en los comentarios de los clientes y la disponibilidad de ingredientes.
   - **Mantenimiento de Equipos**: Programábamos el mantenimiento regular de equipos para evitar fallos durante el servicio.
   - **Evaluación del Rendimiento**: Revisábamos el desempeño del equipo, ofreciendo retroalimentación constructiva y planificando formaciones adicionales si era necesario.
   - **Planificación de Promociones**: Discutíamos y organizábamos promociones y eventos para la semana siguiente.

Ejercicios Prácticos: Plan de Entrenamiento del Personal

Un plan de entrenamiento bien estructurado es fundamental.

Aquí tienes los pasos que seguimos para crear el nuestro:

1. **Identificación de Necesidades**: Observamos y hablamos con el equipo para entender en qué áreas necesitaban más formación. Esto incluía desde técnicas de servicio al cliente hasta el manejo de nuevas tecnologías en la cocina.

2. **Objetivos Claros**: Definimos objetivos específicos para cada sesión de entrenamiento, como mejorar la velocidad y precisión en el servicio, o aprender nuevas recetas.

3. **Métodos de Entrenamiento**: Utilizamos una combinación de métodos, como talleres prácticos, formación en el puesto de trabajo y cursos online. Cada método tenía su propio beneficio, y juntos ofrecían una formación completa.

4. **Evaluación y Seguimiento**: Después de cada sesión, evaluábamos el progreso del equipo. Utilizábamos encuestas y observaciones para ajustar el plan según fuera necesario.

CAPÍTULO 3: MEJORA DEL SERVICIO AL CLIENTE

En el competitivo mundo de la restauración, la calidad del servicio al cliente puede marcar la diferencia entre el éxito y el fracaso. Un buen servicio no solo retiene a los clientes existentes, sino que también atrae a nuevos. Aquí exploraremos cómo mejorar el servicio al cliente en tu restaurante, utilizando ejemplos reales, estrategias prácticas y lecciones aprendidas.

Técnicas de Atención al Cliente

La atención al cliente es el alma de cualquier restaurante. Aquí te dejo algunos consejos que pueden marcar la diferencia:

- **Saludo Personalizado**: Recuerda siempre el nombre de tus clientes habituales y salúdalos por su nombre. Esto crea una conexión inmediata.
- **Escucha Activa**: Presta atención a lo que dicen tus clientes y hazles sentir que sus opiniones son importantes.
- **Solución Rápida de Problemas**: Siempre habrá inconvenientes, lo importante es cómo los manejas.

Actúa rápido y ofrece soluciones efectivas.

Recuerdo una vez, cuando un cliente habitual, don Carlos, se mostró insatisfecho con su plato. En lugar de discutir, lo escuché atentamente, le pedí disculpas y le ofrecí una solución inmediata: preparar su plato de nuevo, exactamente como él lo deseaba. Don Carlos no solo quedó satisfecho, sino que también recomendó nuestro restaurante a sus amigos, lo que nos trajo varios nuevos clientes.

"El cliente siempre tiene la razón" - César Ritz

Ejercicios Prácticos: Role-playing de Situaciones de Servicio

Para mejorar el servicio al cliente, es fundamental que tu equipo esté preparado para manejar diferentes situaciones. Aquí tienes algunos ejercicios prácticos:

1. **Situación 1: Cliente Insatisfecho con su Comida**
   - Divide a tu equipo en pares.
   - Uno será el cliente insatisfecho, el otro el camarero.
   - Simula la situación y luego intercambia roles.
   - Al final, discute cómo se sintieron y qué se podría mejorar.
2. **Situación 2: Mesa con Múltiples Peticiones**
   - Crea un escenario donde una mesa hace varias solicitudes al mismo tiempo.
   - Practica cómo priorizar y gestionar las

peticiones de manera eficiente.
- Comparte los aprendizajes con el equipo.

Gestión de Reclamaciones

En el documento "Cómo gestionar las reclamaciones de sus clientes", se destacan estrategias clave para manejar las quejas de manera efectiva. Aquí te dejo un resumen y cómo aplicarlas:

- **Recepción de la Queja**: Escuchar al cliente sin interrumpir, mostrar empatía y tomar notas detalladas.
- **Investigación y Solución**: Analizar la situación, identificar la causa del problema y ofrecer una solución rápida y adecuada.
- **Seguimiento**: Asegurarse de que el cliente esté satisfecho con la solución y mantener contacto para evitar futuros problemas.

Recuerdo un caso donde una familia se quejó del tiempo de espera excesivo. Implementamos un sistema de seguimiento de tiempos en la cocina y reforzamos la formación del personal en gestión del tiempo. Esto no solo redujo las quejas, sino que también mejoró significativamente la eficiencia del servicio.

Resolución de Conflictos

Una vez, durante un fin de semana muy ocupado, un cliente se quejó de que su comida estaba fría. La situación se intensificó rápidamente, pero nuestro jefe de sala manejó el problema de manera ejemplar. Primero, escuchó pacientemente la queja del cliente sin interrumpir. Luego, pidió disculpas sinceras y ofreció una bebida de cortesía mientras se preparaba un nuevo plato. Finalmente, hizo un seguimiento al final de la comida para asegurarse de que todo estaba bien. El cliente no solo quedó satisfecho, sino que también dejó una reseña positiva en las redes sociales.

Implementación de Sistemas de Retroalimentación

Una herramienta poderosa para mejorar el servicio al cliente es implementar sistemas de retroalimentación efectivos. Aquí tienes algunos métodos para recolectar y utilizar la retroalimentación de tus clientes:

1. **Encuestas de Satisfacción**: Ofrece encuestas de satisfacción a tus clientes después de su visita. Estas encuestas pueden ser en formato papel o digital.
2. **Comentarios en Redes Sociales**: Monitorea las redes sociales para ver lo que los clientes dicen sobre tu restaurante. Responde a todos los comentarios, tanto positivos como negativos.
3. **Sistema de Sugerencias**: Coloca una caja de sugerencias en un lugar visible del restaurante para que los clientes puedan dejar sus opiniones y sugerencias de manera anónima.

Recuerdo que implementamos un sistema de encuestas digitales que los clientes podían completar en sus teléfonos móviles. La cantidad de respuestas y la calidad de la retroalimentación aumentaron significativamente, lo que nos permitió hacer mejoras específicas y rápidas en el servicio.

CAPÍTULO 4: INNOVACIÓN EN LA COCINA

La innovación en la cocina es crucial para mantener la oferta de tu restaurante fresca y atractiva. Aquí exploraremos cómo introducir nuevas ideas, técnicas y tendencias para sorprender y deleitar a tus clientes.

Ideas para Renovar el Menú

Renovar el menú de vez en cuando puede atraer a nuevos clientes y sorprender a los habituales. Aquí tienes algunas ideas:

- **Incorporar Productos de Temporada**: Utiliza ingredientes frescos y de temporada para crear platos nuevos.
- **Escuchar a los Clientes**: Pregunta a tus clientes qué les gustaría ver en el menú.
- **Inspiración Internacional**: Introduce platos de diferentes cocinas del mundo.

Un buen ejemplo es cuando introdujimos un menú de

temporada basado en ingredientes locales. No solo reducimos costos, sino que también atraímos a clientes interesados en una oferta más fresca y sostenible.

"La cocina es el corazón del restaurante" - Ferran Adrià

Ejercicios Prácticos: Creación de un Plato Estrella

1. **Investigación**: Investiga las tendencias actuales en la gastronomía y los gustos de tus clientes.
2. **Experimentación**: Dedica tiempo a experimentar con diferentes ingredientes y técnicas.
3. **Pruebas**: Ofrece el nuevo plato a un grupo de clientes y recoge sus opiniones.
4. **Ajustes**: Realiza los ajustes necesarios basándote en los comentarios recibidos.

Diseño de Interiores

El ambiente del restaurante juega un papel crucial en la experiencia del cliente. Según el documento "Diseño de interiores: guía útil para estudiantes y profesionales", un diseño bien planificado puede mejorar significativamente la percepción del cliente. Aquí te dejo algunos consejos:

- **Iluminación**: Utiliza una iluminación adecuada para crear un ambiente acogedor.
- **Colores y Materiales**: Elige colores y materiales que reflejen la identidad de tu restaurante.
- **Distribución del Espacio**: Asegúrate de que la distribución del espacio permita una circulación fluida y cómoda.

Recuerdo que una vez rediseñamos la zona de entrada de un restaurante para que fuera más abierta y acogedora. Esto no solo mejoró la primera impresión de los clientes, sino que también aumentó las reservas.

Implementación de Nuevas Tecnologías

La tecnología puede jugar un papel crucial en la innovación de la cocina. Desde la implementación de software de gestión hasta el uso de equipos de cocina de última generación, la tecnología puede mejorar la eficiencia y la calidad de tus platos.

Uso de Tecnología en la Cocina

En uno de nuestros restaurantes, implementamos un sistema de gestión de cocina que permitía a los chefs ver y gestionar las órdenes en tiempo real desde una pantalla táctil. Esto no solo redujo los errores en los pedidos, sino que también mejoró significativamente el tiempo de preparación. Además, introdujimos una nueva máquina sous-vide que permitió a los chefs experimentar con nuevas técnicas de cocción, creando platos innovadores que encantaron a nuestros clientes.

CAPÍTULO 5:
MARKETING Y
PROMOCIÓN

E l marketing es crucial para atraer y retener clientes. Aquí exploraremos estrategias de marketing efectivas que puedes implementar en tu restaurante.

Estrategias de Marketing Efectivas

El marketing es crucial para atraer y retener clientes. Aquí tienes algunas estrategias que pueden ser efectivas:

- **Marketing Digital**: Utiliza las redes sociales, el email marketing y tu sitio web para llegar a más clientes.
- **Eventos y Promociones**: Organiza eventos especiales y promociones para atraer a nuevos clientes y fidelizar a los existentes.
- **Colaboraciones**: Colabora con influencers y otros negocios locales para aumentar tu visibilidad.

Recuerdo una campaña de marketing digital que lanzamos para promocionar nuestro nuevo menú de verano. Utilizamos redes sociales y email marketing para llegar a nuestros clientes habituales y atraer a nuevos. La respuesta fue abrumadora y las reservas aumentaron significativamente.

"Sin publicidad, no hay negocio" - David Ogilvy

Checklist para Campañas de Marketing

1. **Objetivos Claros**: Define los objetivos de tu campaña (por ejemplo, aumentar las reservas, promocionar un nuevo menú, etc.).
2. **Público Objetivo**: Identifica a tu público objetivo y adapta tu mensaje a ellos.
3. **Canales de Marketing**: Decide qué canales vas a utilizar (redes sociales, email, publicidad en medios locales, etc.).
4. **Contenido Atractivo**: Crea contenido atractivo y relevante para tu campaña.
5. **Seguimiento y Evaluación**: Realiza un seguimiento de los resultados y ajusta tu estrategia según sea necesario.

Ejercicios Prácticos: Plan de Marketing Mensual

1. **Calendario**: Crea un calendario de marketing mensual con todas las actividades planificadas.
2. **Contenido**: Planifica y crea el contenido para cada campaña.
3. **Ejecución**: Lleva a cabo las actividades de marketing según el calendario.
4. **Evaluación**: Revisa los resultados de cada campaña y ajusta tu plan para el próximo mes.

Estudios de Caso: Top 10 Cadenas Hoteleras

Analizar las estrategias de marketing de las principales cadenas hoteleras puede proporcionar valiosas lecciones. En el documento "Cadenas Hoteleras. Análisis del top 10", se destacan varias estrategias efectivas. Aquí hay un resumen:

- **Hilton Hotels**: Utiliza programas de fidelización para retener a los clientes y atraer a nuevos mediante ofertas exclusivas.
- **Marriott International**: Emplea campañas de marketing digital para llegar a una audiencia global, destacando su presencia en redes sociales y su sitio web interactivo.

Aplicar estas estrategias a tu restaurante puede ayudarte a atraer y retener clientes de manera efectiva.

Utilización de Análisis de Datos

El análisis de datos es una herramienta poderosa para optimizar tus campañas de marketing. Utiliza herramientas de análisis para recolectar datos sobre el comportamiento de tus clientes y las tendencias de ventas. Estos datos te permitirán ajustar tus estrategias y mejorar la efectividad de tus campañas.

Optimización del Marketing con Datos

En un restaurante, utilizamos herramientas de análisis para monitorear el rendimiento de nuestras campañas de marketing digital. Descubrimos que ciertos tipos de publicaciones en redes sociales generaban más interacción y reservas. Al enfocarnos en esos tipos de contenido y ajustar nuestras estrategias basadas en los datos recolectados, aumentamos significativamente la efectividad de nuestras campañas y logramos atraer a más clientes.

CAPÍTULO 6: TECNOLOGÍA EN LA RESTAURACIÓN

La tecnología puede facilitar enormemente la gestión de un restaurante. Aquí exploraremos cómo implementar herramientas tecnológicas para mejorar la eficiencia operativa.

Uso de Herramientas Tecnológicas

La tecnología puede facilitar enormemente la gestión de un restaurante. Aquí tienes algunas herramientas clave:

- **Sistemas de Gestión de Restaurantes**: Software para gestionar reservas, pedidos y facturación.
- **Marketing Digital**: Herramientas para gestionar redes sociales y campañas de email marketing.
- **Análisis de Datos**: Software para analizar el rendimiento y las ventas del restaurante.

Recuerdo cuando implementamos un nuevo sistema de gestión en un restaurante. Al principio, el equipo estaba reacio al cambio, pero una vez que vieron cómo facilitaba la gestión de reservas y mejoraba la eficiencia en la cocina, se convirtieron en grandes defensores del nuevo sistema.

"La tecnología bien usada es la clave del éxito" - José Andrés

Ejercicios Prácticos: Implementación de un Sistema de Gestión

1. **Investigación**: Investiga las diferentes opciones de sistemas de gestión disponibles.
2. **Pruebas**: Realiza pruebas con diferentes sistemas para ver cuál se adapta mejor a tus necesidades.
3. **Implementación**: Implementa el sistema elegido y capacita a tu equipo en su uso.
4. **Seguimiento**: Realiza un seguimiento de cómo el sistema mejora la eficiencia y realiza ajustes según sea necesario.

Certificación y Calidad

En el documento "Certificación y modelos de calidad en hostelería y restauración", se describen varios modelos de calidad que pueden ser implementados en un restaurante. Aquí hay un resumen de los pasos para obtener una certificación de calidad:

- **Evaluación Inicial**: Realizar una auditoría para identificar áreas de mejora.
- **Implementación de Mejores Prácticas**: Adaptar las prácticas del restaurante para cumplir con los estándares de calidad.
- **Formación del Personal**: Capacitar al equipo en las nuevas prácticas y estándares.
- **Auditoría Externa**: Contratar a una entidad

certificadora para realizar una auditoría externa y obtener la certificación.

Implementación de Tecnología en el Servicio al Cliente

La tecnología no solo puede mejorar la eficiencia operativa, sino también la experiencia del cliente. Desde aplicaciones de reservas en línea hasta sistemas de pedidos en la mesa, hay muchas formas de integrar la tecnología en tu restaurante para mejorar el servicio.

Tecnología en el Servicio al Cliente

Implementamos un sistema de pedidos en la mesa en uno de nuestros restaurantes, donde los clientes podían realizar sus pedidos directamente desde una tablet en la mesa. Esto no solo mejoró la precisión de los pedidos, sino que también aceleró el tiempo de servicio. Además, los clientes apreciaron la innovación y la comodidad del sistema, lo que resultó en una mayor satisfacción del cliente y un aumento en las ventas.

CAPÍTULO 7: SOSTENIBILIDAD Y FUTURO

L a sostenibilidad no solo es buena para el planeta, sino que también puede ser un punto de venta para tu restaurante. Aquí exploraremos prácticas sostenibles y cómo planificar para el futuro.

Prácticas Sostenibles en la Gastronomía

La sostenibilidad no solo es buena para el planeta, sino que también puede ser un punto de venta para tu restaurante. Aquí tienes algunas prácticas sostenibles:

- **Reducir el Desperdicio de Alimentos**: Implementa prácticas para reducir el desperdicio de alimentos.
- **Energías Renovables**: Utiliza energías renovables siempre que sea posible.
- **Productos Locales y Orgánicos**: Compra productos locales y orgánicos para reducir tu huella de carbono.

Recuerdo que cuando comenzamos a implementar prácticas sostenibles en un restaurante, como el uso de productos locales y la reducción de residuos, no solo vimos una mejora en la eficiencia, sino que también recibimos elogios de nuestros clientes por nuestro compromiso con el medio ambiente.

"El futuro es verde" - René Redzepi

Ejercicios Prácticos: Plan de Sostenibilidad

1. **Evaluación Inicial**: Evalúa la sostenibilidad actual de tu restaurante.
2. **Objetivos**: Define objetivos claros de sostenibilidad.
3. **Acciones**: Planifica acciones específicas para alcanzar estos objetivos.
4. **Seguimiento**: Realiza un seguimiento del progreso y ajusta tu plan según sea necesario.

Responsabilidad Social Corporativa

El documento "Empresarios hoteleros en Chile: responsabilidad social corporativa" destaca la importancia de la responsabilidad social en el sector hotelero y de restauración. Aquí hay algunas prácticas que puedes adoptar:

- **Iniciativas Comunitarias**: Participa en iniciativas comunitarias locales y apoya causas sociales.
- **Transparencia y Ética**: Mantén una política de transparencia y ética en todas tus operaciones.
- **Bienestar del Personal**: Asegúrate de que tu personal trabaje en condiciones justas y seguras.

Implementar estas prácticas no solo mejora la imagen de tu restaurante, sino que también crea un ambiente de trabajo positivo y motivador.

Innovación y Futuro

La sostenibilidad y la responsabilidad social son fundamentales, pero también es crucial pensar en la innovación continua para el futuro. Mantente al tanto de las tendencias emergentes en la gastronomía y la tecnología, y sé proactivo en la implementación de nuevas ideas.

Innovación para el Futuro

En un restaurante, implementamos un jardín vertical en el comedor principal. No solo mejoró la estética del espacio, sino que también proporcionó hierbas frescas para la cocina. Esta innovación fue muy bien recibida por los clientes y se convirtió en un punto de conversación que atrajo a nuevos visitantes interesados en la sostenibilidad y la frescura de nuestros ingredientes.

CAPÍTULO 8:
TECNOLOGÍA EN LA
RESTAURACIÓN

La tecnología puede facilitar enormemente la gestión de un restaurante. Aquí exploraremos cómo implementar herramientas tecnológicas para mejorar la eficiencia operativa y la experiencia del cliente.

Uso de Herramientas Tecnológicas

La tecnología puede facilitar enormemente la gestión de un restaurante. Aquí tienes algunas herramientas clave:

- **Sistemas de Gestión de Restaurantes (POS)**: Estos sistemas son esenciales para gestionar reservas, pedidos y facturación. Los POS modernos pueden integrarse con otras herramientas, como sistemas de inventario y programas de fidelización.
- **Marketing Digital**: Herramientas para gestionar redes sociales y campañas de email marketing pueden ayudarte a llegar a más clientes y mantener una comunicación constante con ellos.
- **Análisis de Datos**: Software para analizar el

rendimiento y las ventas del restaurante. Los datos pueden ayudarte a tomar decisiones informadas sobre el menú, la gestión de personal y las estrategias de marketing.

Implementación de un Sistema POS

Recuerdo cuando implementamos un nuevo sistema de gestión en un restaurante. Al principio, el equipo estaba reacio al cambio, pero una vez que vieron cómo facilitaba la gestión de reservas y mejoraba la eficiencia en la cocina, se convirtieron en grandes defensores del nuevo sistema. El POS nos permitió reducir errores en los pedidos y mejorar la precisión del inventario, lo que se tradujo en un aumento de la satisfacción del cliente y en menores costos operativos.

"La tecnología bien usada es la clave del éxito" - José Andrés

Ejercicios Prácticos: Implementación de un Sistema de Gestión
1. **Investigación**: Investiga las diferentes opciones de sistemas de gestión disponibles. Evalúa sus características, precios y reseñas de otros usuarios.
2. **Pruebas**: Realiza pruebas con diferentes sistemas para ver cuál se adapta mejor a tus necesidades. Algunos proveedores ofrecen versiones de prueba gratuita que puedes utilizar.
3. **Implementación**: Una vez seleccionado el sistema, implementa el software y capacita a tu equipo en su uso. Es importante que todos los miembros del equipo se sientan cómodos y competentes utilizando la nueva herramienta.

4. **Seguimiento**: Realiza un seguimiento de cómo el sistema mejora la eficiencia y realiza ajustes según sea necesario. Recoge feedback de tu equipo para identificar posibles áreas de mejora.

Certificación y Calidad

En el documento "Certificación y modelos de calidad en hostelería y restauración", se describen varios modelos de calidad que pueden ser implementados en un restaurante. Aquí hay un resumen de los pasos para obtener una certificación de calidad:

- **Evaluación Inicial**: Realizar una auditoría para identificar áreas de mejora. Esta evaluación puede ser interna o realizada por un consultor externo especializado en certificaciones de calidad.
- **Implementación de Mejores Prácticas**: Adaptar las prácticas del restaurante para cumplir con los estándares de calidad. Esto puede incluir cambios en la gestión de la cocina, el servicio al cliente y la gestión administrativa.
- **Formación del Personal**: Capacitar al equipo en las nuevas prácticas y estándares. La formación continua es clave para mantener la calidad a largo plazo.
- **Auditoría Externa**: Contratar a una entidad certificadora para realizar una auditoría externa y obtener la certificación. Este proceso puede ser exigente, pero una certificación de calidad puede mejorar significativamente la reputación de tu restaurante.

Innovación Tecnológica en el Servicio al Cliente

La tecnología no solo puede mejorar la eficiencia operativa, sino también la experiencia del cliente. Desde aplicaciones de reservas en línea hasta sistemas de pedidos en la mesa, hay muchas formas de integrar la tecnología en tu restaurante para mejorar el servicio.

Tecnología en el Servicio al Cliente

Implementamos un sistema de pedidos en la mesa en uno de nuestros restaurantes, donde los clientes podían realizar sus pedidos directamente desde una tablet en la mesa. Esto no solo mejoró la precisión de los pedidos, sino que también aceleró el tiempo de servicio. Además, los clientes apreciaron la innovación y la comodidad del sistema, lo que resultó en una mayor satisfacción del cliente y un aumento en las ventas.

Integración de Tecnología en la Cocina

Las innovaciones tecnológicas también pueden transformar la forma en que se gestiona la cocina de un restaurante. Herramientas como las impresoras de alimentos 3D, los sistemas de cocción sous-vide controlados por aplicaciones móviles y las estaciones de trabajo automatizadas pueden mejorar la eficiencia y la calidad de los platos.

Ejercicio Práctico: Innovación en la Cocina

1. **Identificación de Necesidades**: Evalúa las áreas de tu cocina que podrían beneficiarse de la tecnología. Esto podría incluir la gestión del inventario, la preparación de alimentos o la limpieza.
2. **Investigación de Tecnologías**: Investiga las tecnologías disponibles que podrían satisfacer tus necesidades. Lee reseñas, mira demostraciones en línea y habla con otros profesionales de la industria.
3. **Implementación de Pruebas Piloto**: Realiza una prueba piloto de las nuevas tecnologías en un área

pequeña de tu cocina. Recoge feedback de tu equipo y ajusta según sea necesario.

4. **Escalado y Monitoreo**: Una vez que hayas ajustado las tecnologías basadas en la prueba piloto, escala su implementación a toda la cocina. Monitorea regularmente el rendimiento y realiza ajustes según sea necesario.

•

CAPÍTULO 9: SOSTENIBILIDAD Y FUTURO

L a sostenibilidad no solo es buena para el planeta, sino que también puede ser un punto de venta para tu restaurante. Aquí exploraremos prácticas sostenibles y cómo planificar para el futuro.

Prácticas Sostenibles en la Gastronomía

La sostenibilidad no solo es buena para el planeta, sino que también puede ser un punto de venta para tu restaurante. Aquí tienes algunas prácticas sostenibles:

- **Reducir el Desperdicio de Alimentos**: Implementa prácticas para reducir el desperdicio de alimentos, como el uso de ingredientes completos, la donación de alimentos no utilizados y el compostaje de restos de comida.
- **Energías Renovables**: Utiliza energías renovables siempre que sea posible. Esto puede incluir la instalación de paneles solares, la compra de electricidad verde y la implementación de prácticas

de eficiencia energética.

- **Productos Locales y Orgánicos**: Compra productos locales y orgánicos para reducir tu huella de carbono y apoyar a los agricultores locales. Esto no solo es bueno para el medio ambiente, sino que también puede mejorar la calidad de tus platos.

Recuerdo que cuando comenzamos a implementar prácticas sostenibles en un restaurante, como el uso de productos locales y la reducción de residuos, no solo vimos una mejora en la eficiencia, sino que también recibimos elogios de nuestros clientes por nuestro compromiso con el medio ambiente.

"El futuro es verde" - René Redzepi

Ejercicios Prácticos: Plan de Sostenibilidad
1. **Evaluación Inicial**: Evalúa la sostenibilidad actual de tu restaurante. Identifica las áreas donde puedes hacer mejoras, como la gestión de residuos, el consumo de energía y la obtención de ingredientes.
2. **Objetivos**: Define objetivos claros de sostenibilidad. Estos pueden incluir la reducción de residuos en un 50%, el uso de energía renovable para el 100% de tus necesidades y la obtención de ingredientes locales y orgánicos.
3. **Acciones**: Planifica acciones específicas para alcanzar estos objetivos. Esto puede incluir la

implementación de prácticas de compostaje, la instalación de paneles solares y la creación de asociaciones con agricultores locales.

4. **Seguimiento**: Realiza un seguimiento del progreso y ajusta tu plan según sea necesario. Utiliza métricas claras para medir tu progreso y comunica estos logros a tu equipo y a tus clientes.

Responsabilidad Social Corporativa

El documento "Empresarios hoteleros en Chile: responsabilidad social corporativa" destaca la importancia de la responsabilidad social en el sector hotelero y de restauración. Aquí hay algunas prácticas que puedes adoptar:

- **Iniciativas Comunitarias**: Participa en iniciativas comunitarias locales y apoya causas sociales. Esto puede incluir la organización de eventos benéficos, la donación de alimentos a bancos de alimentos locales y el apoyo a programas educativos.
- **Transparencia y Ética**: Mantén una política de transparencia y ética en todas tus operaciones. Esto puede incluir la comunicación abierta con tus clientes sobre tus prácticas sostenibles y la implementación de políticas justas y equitativas para tu personal.
- **Bienestar del Personal**: Asegúrate de que tu personal trabaje en condiciones justas y seguras. Esto puede incluir la implementación de políticas de salud y seguridad, la oferta de programas de bienestar y la creación de un ambiente de trabajo inclusivo y respetuoso.

Implementar estas prácticas no solo mejora la imagen de tu restaurante, sino que también crea un ambiente de trabajo positivo y motivador.

Innovación y Futuro

La sostenibilidad y la responsabilidad social son fundamentales, pero también es crucial pensar en la innovación continua para el futuro. Mantente al tanto de las tendencias emergentes en la gastronomía y la tecnología, y sé proactivo en la implementación de nuevas ideas.

Innovación para el Futuro

En uno restaurante, implementamos un jardín vertical en el comedor principal. No solo mejoró la estética del espacio, sino que también proporcionó hierbas frescas para la cocina. Esta innovación fue muy bien recibida por los clientes y se convirtió en un punto de conversación que atrajo a nuevos visitantes interesados en la sostenibilidad y la frescura de nuestros ingredientes.

Planificación para el Futuro

La planificación estratégica es clave para asegurar la sostenibilidad y el éxito a largo plazo de tu restaurante. Aquí tienes algunos pasos para desarrollar un plan estratégico:

1. **Análisis de la Situación Actual**: Realiza un análisis FODA (Fortalezas, Oportunidades, Debilidades y Amenazas) para entender tu posición actual en el mercado.
2. **Definición de Objetivos a Largo Plazo**: Establece metas claras y alcanzables para los próximos cinco a diez años. Estos objetivos deben ser específicos, medibles, alcanzables, relevantes y temporales (SMART).
3. **Desarrollo de Estrategias**: Desarrolla estrategias específicas para alcanzar tus objetivos. Estas estrategias deben estar alineadas con tu misión, visión y valores.
4. **Implementación y Seguimiento**: Implementa tus estrategias y realiza un seguimiento regular de tu progreso. Ajusta tus estrategias según sea necesario

para asegurarte de que estás en camino de alcanzar tus objetivos a largo plazo.

Conclusión

La sostenibilidad y la innovación son clave para el éxito a largo plazo de cualquier restaurante. Al adoptar prácticas sostenibles, implementar tecnologías avanzadas y planificar estratégicamente para el futuro, puedes asegurar que tu restaurante no solo sobreviva, sino que prospere en un mercado competitivo. Recuerda, el compromiso con la sostenibilidad y la innovación no solo beneficia a tu negocio, sino también a la comunidad y al planeta en general.

CAPÍTULO 10: ESTRATEGIAS DE MARKETING AVANZADAS

El marketing avanzado es crucial para llevar tu restaurante al siguiente nivel. No se trata solo de atraer a nuevos clientes, sino de crear una comunidad leal y apasionada por tu marca. Aquí exploraremos estrategias avanzadas que puedes implementar para destacar en el competitivo mercado gastronómico.

Marketing de Contenidos

El marketing de contenidos es una de las herramientas más efectivas para atraer y retener clientes. Aquí tienes algunas ideas para crear contenido atractivo:

- **Blog del Restaurante**: Crea un blog en tu sitio web donde publiques recetas, historias del restaurante, entrevistas con el chef y consejos gastronómicos. Esto no solo mejora tu SEO, sino que también establece tu restaurante como una autoridad en la industria.

- **Videos y Vlogs**: Los videos son una excelente manera de mostrar la personalidad de tu restaurante. Puedes hacer videos de cocina en vivo, tours del restaurante, entrevistas con el personal y eventos especiales.
- **Redes Sociales**: Utiliza plataformas como Instagram, Facebook y TikTok para compartir fotos y videos de tus platos, eventos en el restaurante y detrás de escenas. Interactúa con tus seguidores respondiendo a sus comentarios y mensajes.

Éxito en Redes Sociales

En un restaurante, decidimos invertir en una estrategia de marketing de contenidos en redes sociales. Empezamos a compartir recetas exclusivas, videos de preparación de platos y entrevistas con el chef. En pocos meses, nuestra presencia en redes sociales creció exponencialmente, lo que se tradujo en un aumento significativo de las reservas y una mayor lealtad de los clientes.

"El contenido es el rey" - Bill Gates

Ejercicios Prácticos: Plan de Contenidos

1. **Calendario Editorial**: Crea un calendario editorial mensual que incluya las publicaciones planeadas en tu blog, videos y redes sociales.
2. **Generación de Ideas**: Reúnete con tu equipo para brainstormear ideas de contenido. Considera temas estacionales, eventos especiales y tendencias gastronómicas.
3. **Creación de Contenidos**: Designa un equipo o contrata a profesionales para crear y editar el contenido. Asegúrate de mantener una calidad alta y

coherente.

4. **Análisis y Ajuste**: Utiliza herramientas de análisis para medir el rendimiento de tus contenidos y ajusta tu estrategia según los resultados.

Publicidad Pagada

La publicidad pagada puede ser una forma efectiva de aumentar la visibilidad de tu restaurante. Aquí tienes algunas opciones:

- **Google Ads**: Utiliza Google Ads para atraer a personas que buscan restaurantes en tu área. Las campañas de búsqueda y display pueden aumentar significativamente tu visibilidad.
- **Publicidad en Redes Sociales**: Plataformas como Facebook, Instagram y TikTok ofrecen opciones de publicidad altamente segmentadas. Puedes dirigir anuncios a personas con intereses específicos, aumentando la probabilidad de atraer a clientes potenciales.
- **Publicidad Local**: Considera la publicidad en medios locales, como revistas, periódicos y radio. Estas pueden ser muy efectivas para atraer a clientes de la comunidad.

Campaña de Publicidad Pagada

Implementamos una campaña de Google Ads para promocionar un nuevo menú en un restaurante. Segmentamos los anuncios para personas que buscaban opciones de cena en nuestra área. La campaña resultó en un aumento del 30% en las reservas durante el primer mes.

Estrategias de SEO

El SEO (Search Engine Optimization) es crucial para asegurar que tu restaurante sea encontrado en línea. Aquí tienes algunas estrategias para mejorar tu SEO:

- **Palabras Clave**: Investiga y utiliza palabras clave relevantes en tu sitio web, blog y descripciones de productos. Herramientas como Google Keyword Planner pueden ayudarte a encontrar las mejores palabras clave.
- **Contenido de Calidad**: Publica contenido de alta calidad que responda a las preguntas y necesidades de tus clientes. Esto no solo mejora tu SEO, sino que también aumenta el tiempo que los visitantes pasan en tu sitio web.
- **Optimización Móvil**: Asegúrate de que tu sitio web esté optimizado para dispositivos móviles. Un gran porcentaje de las búsquedas de restaurantes se realiza desde smartphones.
- **Enlaces Entrantes**: Consigue enlaces de otros sitios web de alta autoridad que apunten a tu sitio. Esto puede incluir colaboraciones con bloggers gastronómicos, apariciones en medios de comunicación y listados en directorios de restaurantes.

Mejora de SEO

Un restaurante con el que trabajé estaba luchando por aparecer en los resultados de búsqueda. Implementamos una estrategia de SEO que incluyó la optimización de palabras clave, la publicación de contenido regular en el blog y la obtención de enlaces de sitios relevantes. En seis meses, el tráfico orgánico del sitio web aumentó en un 50%, lo que resultó en un aumento significativo de las reservas.

CAPÍTULO 11:
GESTIÓN FINANCIERA
Y CONTROL DE
COSTOS

L a gestión financiera efectiva es esencial para la rentabilidad de cualquier restaurante. Aquí exploraremos cómo controlar los costos, gestionar los ingresos y asegurar la estabilidad financiera a largo plazo.

Control de Costos

Controlar los costos es crucial para mantener la rentabilidad. Aquí tienes algunas estrategias:

- **Gestión de Inventario**: Implementa un sistema de gestión de inventario para monitorear y controlar el uso de ingredientes. Esto puede ayudarte a reducir el desperdicio y optimizar las compras.
- **Costeo de Platos**: Calcula el costo de cada plato en tu menú y ajusta los precios para asegurar un margen de beneficio adecuado. Utiliza herramientas de costeo de alimentos para simplificar este proceso.

- **Negociación con Proveedores**: Negocia con tus proveedores para obtener mejores precios y condiciones. Considera la compra al por mayor y la búsqueda de proveedores alternativos para reducir costos.

Reducción de Desperdicios

En un restaurante, implementamos un sistema de gestión de inventario que nos permitió monitorear de cerca el uso de ingredientes. Descubrimos que estábamos desperdiciando una cantidad significativa de alimentos debido a una mala planificación. Ajustamos nuestras compras y optimizamos las recetas, lo que resultó en una reducción del 20% en el desperdicio de alimentos y un ahorro considerable en costos.

"Lo que no se mide, no se puede mejorar" - Peter Drucker

Ejercicios Prácticos: Gestión de Inventario

1. **Implementación de Software**: Selecciona e implementa un software de gestión de inventario que se adapte a las necesidades de tu restaurante.
2. **Capacitación del Personal**: Capacita a tu equipo en el uso del software y en las mejores prácticas de gestión de inventario.
3. **Monitoreo y Ajuste**: Realiza un seguimiento regular del inventario y ajusta las compras y el uso de ingredientes según los datos recopilados.
4. **Análisis de Desperdicios**: Analiza las áreas donde se produce más desperdicio y toma medidas para reducirlo. Esto puede incluir ajustes en las recetas, mejores prácticas de almacenamiento y cambios en

la planificación del menú.

Gestión de Ingresos

La gestión de ingresos es tan importante como el control de costos. Aquí tienes algunas estrategias para maximizar tus ingresos:

- **Optimización del Menú**: Ajusta tu menú para destacar los platos más rentables. Utiliza técnicas de ingeniería de menús para identificar y promocionar estos platos.
- **Programas de Fidelización**: Implementa programas de fidelización para incentivar a los clientes a regresar. Ofrece descuentos, recompensas y promociones exclusivas para los clientes frecuentes.
- **Eventos Especiales**: Organiza eventos especiales, como noches temáticas, catas de vino y clases de cocina, para atraer a más clientes y aumentar las ventas.

Programa de Fidelización

Implementamos un programa de fidelización en un restaurante que ofrecía puntos por cada dólar gastado. Los clientes podían canjear los puntos por descuentos en futuras visitas. En seis meses, vimos un aumento del 25% en las visitas de clientes recurrentes y una mayor lealtad a la marca.

Estrategias de Precios

Establecer precios adecuados es fundamental para la rentabilidad. Aquí tienes algunas estrategias de precios:

- **Análisis de Competencia**: Investiga los precios de la competencia y ajusta tus precios en consecuencia. Asegúrate de que tus precios sean competitivos pero también reflejen la calidad de tu oferta.

- **Precios Psicológicos**: Utiliza estrategias de precios psicológicos, como precios terminados en .99, para hacer que los precios parezcan más atractivos para los clientes.
- **Descuentos y Promociones**: Ofrece descuentos y promociones estratégicas para atraer a más clientes y aumentar las ventas durante los períodos de baja demanda.

Ejercicio Práctico: Análisis de Precios

1. **Investigación de Mercado**: Investiga los precios de los restaurantes competidores en tu área. Analiza su menú y la calidad de su oferta.
2. **Cálculo de Costos**: Calcula los costos de cada plato en tu menú y determina un precio que asegure un margen de beneficio adecuado.
3. **Pruebas de Precios**: Realiza pruebas de precios para ver cómo responden los clientes. Ajusta los precios según los resultados de las pruebas.
4. **Monitoreo Continuo**: Realiza un seguimiento regular de las ventas y los márgenes de beneficio. Ajusta los precios según sea necesario para maximizar la rentabilidad.

•

CAPÍTULO 12:
GESTIÓN DE
PERSONAL Y CULTURA
ORGANIZACIONAL

El personal es uno de los activos más importantes de cualquier restaurante. Aquí exploraremos cómo gestionar y motivar a tu equipo para crear una cultura organizacional positiva y productiva.

Reclutamiento y Selección

El proceso de reclutamiento y selección es crucial para encontrar al personal adecuado. Aquí tienes algunas estrategias:

- **Descripción de Puestos**: Crea descripciones de puestos claras y detalladas que incluyan las responsabilidades, habilidades requeridas y expectativas para cada rol.
- **Entrevistas Estructuradas**: Utiliza entrevistas estructuradas para evaluar a los candidatos de manera consistente. Prepara preguntas específicas que te ayuden a evaluar las competencias y la compatibilidad cultural de los candidatos.

- **Pruebas Prácticas**: Incluye pruebas prácticas en el proceso de selección para evaluar las habilidades técnicas de los candidatos. Esto puede incluir una demostración de cocina o una simulación de servicio al cliente.

Mejora del Proceso de Reclutamiento

En un restaurante, mejoramos nuestro proceso de reclutamiento al implementar entrevistas estructuradas y pruebas prácticas. Esto nos permitió seleccionar a candidatos más competentes y compatibles con nuestra cultura organizacional, lo que resultó en una menor rotación de personal y un equipo más cohesionado.

"Contrata lento, despide rápido" - Tom Peters

Ejercicios Prácticos: Reclutamiento y Selección
1. **Creación de Descripciones de Puestos**: Revisa y actualiza las descripciones de puestos para cada rol en tu restaurante.
2. **Preparación de Preguntas de Entrevista**: Desarrolla una lista de preguntas estructuradas para las entrevistas. Incluye preguntas situacionales y de comportamiento.
3. **Diseño de Pruebas Prácticas**: Crea pruebas prácticas relevantes para cada puesto. Asegúrate de que las pruebas sean realistas y evalúen las habilidades clave.
4. **Evaluación de Candidatos**: Implementa un sistema de evaluación para comparar a los candidatos de manera objetiva. Utiliza una matriz de competencias para calificar a cada candidato.

Capacitación y Desarrollo

La capacitación continua es esencial para mantener altos estándares de servicio y motivar a tu equipo. Aquí tienes algunas estrategias:

- **Programas de Inducción**: Implementa programas de inducción para nuevos empleados que los familiaricen con la cultura, políticas y procedimientos del restaurante.
- **Capacitación en el Puesto de Trabajo**: Proporciona capacitación en el puesto de trabajo para desarrollar habilidades específicas. Utiliza mentores y supervisores para guiar a los nuevos empleados.
- **Cursos y Talleres**: Ofrece cursos y talleres regulares sobre temas relevantes, como técnicas de cocina, servicio al cliente y gestión del tiempo.

Programa de Capacitación

Implementamos un programa de capacitación integral en un restaurante que incluía una combinación de inducción, capacitación en el puesto de trabajo y talleres regulares. Esto no solo mejoró las habilidades del personal, sino que también aumentó la moral y la retención de empleados.

Estrategias de Motivación

Motivar a tu equipo es crucial para mantener altos niveles de rendimiento. Aquí tienes algunas estrategias:

- **Reconocimiento y Recompensas**: Implementa un sistema de reconocimiento y recompensas para celebrar los logros del personal. Esto puede incluir premios mensuales, bonificaciones y elogios públicos.
- **Oportunidades de Crecimiento**: Ofrece

oportunidades de crecimiento y desarrollo profesional. Promueve desde dentro siempre que sea posible y proporciona vías claras para el avance.

- **Ambiente de Trabajo Positivo**: Fomenta un ambiente de trabajo positivo y colaborativo. Organiza actividades de team building y crea un espacio donde los empleados se sientan valorados y respetados.

Mejora de la Moral del Personal

En un restaurante, implementamos un programa de reconocimiento mensual que premiaba a los empleados destacados. Esto no solo mejoró la moral del personal, sino que también aumentó la productividad y la satisfacción laboral. Los empleados se sintieron más valorados y motivados para alcanzar sus metas.

Gestión de la Cultura Organizacional

La cultura organizacional es la esencia de tu restaurante. Una cultura fuerte puede mejorar la satisfacción del personal y la lealtad de los clientes. Aquí tienes algunos consejos para gestionar la cultura organizacional:

- **Definición de Valores**: Define y comunica claramente los valores y la misión de tu restaurante. Asegúrate de que todos los empleados comprendan y compartan estos valores.
- **Liderazgo Ejemplar**: Los líderes deben modelar el comportamiento y los valores que esperan ver en su equipo. El liderazgo ejemplar es clave para una cultura organizacional fuerte.
- **Comunicación Abierta**: Fomenta una comunicación abierta y honesta entre todos los niveles de la organización. Utiliza reuniones regulares

y herramientas de comunicación interna para mantener a todos informados y alineados.

Ejercicio Práctico: Evaluación de la Cultura Organizacional

1. **Encuesta de Clima Laboral**: Realiza una encuesta de clima laboral para evaluar la satisfacción y las percepciones del personal sobre la cultura organizacional.
2. **Análisis de Resultados**: Analiza los resultados de la encuesta para identificar áreas de mejora. Presta especial atención a las áreas donde hay discrepancias significativas entre las expectativas y la realidad.
3. **Plan de Acción**: Desarrolla un plan de acción para abordar las áreas de mejora identificadas. Involucra a los empleados en el proceso para asegurar su compromiso y apoyo.
4. **Seguimiento y Ajuste**: Realiza un seguimiento regular del progreso y ajusta el plan según sea necesario. La gestión de la cultura organizacional es un proceso continuo que requiere atención y ajustes constantes.

CAPÍTULO 13:
ESTRATEGIAS DE
VENTAS Y UPSELLING

Incrementar las ventas y mejorar la experiencia del cliente son objetivos clave para cualquier restaurante. Aquí exploraremos estrategias de ventas efectivas y técnicas de upselling que puedes implementar para aumentar tus ingresos y la satisfacción del cliente.

Estrategias de Ventas

Las estrategias de ventas efectivas pueden ayudar a maximizar los ingresos y mejorar la experiencia del cliente. Aquí tienes algunas técnicas que puedes utilizar:

- **Entrenamiento del Personal**: Capacita a tu personal para que sean expertos en el menú y puedan hacer recomendaciones informadas a los clientes. Un personal bien entrenado puede influir positivamente en las decisiones de compra de los clientes.
- **Menús Interactivos**: Utiliza menús interactivos que destaquen los platos más populares y rentables. Considera el uso de descripciones atractivas y fotos

de alta calidad para hacer que los platos se vean más apetitosos.

- **Ofertas Especiales**: Implementa ofertas especiales, como menús de degustación, menús de temporada y combos de platos. Las ofertas especiales pueden atraer a más clientes y aumentar las ventas.

Incremento de Ventas con Ofertas Especiales

En un restaurante en el que trabajé, introdujimos un menú de degustación que incluía una selección de nuestros platos más populares. Esto no solo atrajo a más clientes, sino que también aumentó las ventas de bebidas y postres. La experiencia de degustación se convirtió en una opción popular para cenas especiales y celebraciones, lo que resultó en un aumento significativo de los ingresos.

"El cliente siempre busca la mejor experiencia posible" - Danny Meyer

Ejercicios Prácticos: Desarrollo de Estrategias de Ventas

1. **Capacitación en Ventas**: Organiza sesiones de capacitación para tu personal, enfocadas en técnicas de ventas y conocimiento del menú.
2. **Diseño de Menús**: Revisa y actualiza el diseño de tus menús para destacar los platos más rentables y atractivos. Utiliza descripciones detalladas y fotos de alta calidad.
3. **Creación de Ofertas Especiales**: Desarrolla una serie de ofertas especiales que puedan atraer a diferentes segmentos de clientes. Considera menús de degustación, promociones de temporada y combos de platos.
4. **Seguimiento y Evaluación**: Realiza un seguimiento regular de las ventas y evalúa la efectividad de

las estrategias implementadas. Ajusta las ofertas y técnicas de ventas según sea necesario.

Técnicas de Upselling

El upselling es una técnica de ventas que consiste en persuadir a los clientes para que compren productos adicionales o de mayor valor. Aquí tienes algunas técnicas de upselling que puedes utilizar en tu restaurante:

- **Recomendaciones Personalizadas**: Capacita a tu personal para que hagan recomendaciones personalizadas basadas en las preferencias de los clientes. Por ejemplo, si un cliente pide una ensalada, sugiere añadir una proteína como pollo o camarones.
- **Ofertas Complementarias**: Ofrece productos complementarios que mejoren la experiencia del cliente. Por ejemplo, si un cliente pide un plato principal, sugiere un vino que maride bien con el plato.
- **Promociones de Productos de Mayor Valor**: Promociona productos de mayor valor, como cortes de carne premium, vinos de reserva y postres especiales. Utiliza descripciones tentadoras y resalta los beneficios de elegir estos productos.

Éxito en Upselling

En un restaurante en el que trabajé, implementamos una estrategia de upselling centrada en la promoción de vinos y postres. Capacitamos a nuestro personal para que hicieran recomendaciones personalizadas y ofrecieran descripciones detalladas de los productos. Como resultado, vimos un aumento significativo en las ventas de vinos y postres, lo que incrementó el ticket promedio de cada cliente.

Estrategias de Fidelización

La fidelización de clientes es fundamental para asegurar un flujo constante de ingresos y construir una base de clientes leales. Aquí tienes algunas estrategias de fidelización que puedes implementar:

- **Programas de Recompensas**: Implementa programas de recompensas que incentiven a los clientes a regresar. Ofrece puntos por cada compra que puedan canjear por descuentos, productos gratuitos o experiencias especiales.
- **Eventos Exclusivos para Miembros**: Organiza eventos exclusivos para los miembros de tu programa de fidelización, como catas de vino, cenas con el chef y clases de cocina. Esto no solo recompensa a los clientes leales, sino que también crea una sensación de comunidad.
- **Comunicación Personalizada**: Utiliza herramientas de marketing para enviar comunicaciones personalizadas a tus clientes, como ofertas especiales, recordatorios de eventos y felicitaciones en fechas especiales. La personalización puede aumentar significativamente la lealtad y la satisfacción del cliente.

Ejercicio Práctico: Diseño de un Programa de Fidelización

1. **Definición de Objetivos**: Define los objetivos de tu programa de fidelización. ¿Quieres aumentar la frecuencia de las visitas, incrementar el ticket promedio o atraer a nuevos clientes?
2. **Diseño de Recompensas**: Diseña un sistema de recompensas que sea atractivo para tus clientes. Considera ofrecer puntos por cada compra que puedan canjear por descuentos, productos gratuitos o experiencias exclusivas.

3. **Implementación del Programa**: Implementa el programa de fidelización en tu restaurante. Capacita a tu personal en cómo promocionar y gestionar el programa.

4. **Seguimiento y Ajuste**: Realiza un seguimiento regular del rendimiento del programa y ajusta las recompensas y estrategias según sea necesario. Utiliza datos y retroalimentación de los clientes para mejorar el programa.

CAPÍTULO 14: INNOVACIÓN EN LA EXPERIENCIA DEL CLIENTE

L a innovación en la experiencia del cliente es crucial para mantener a tus clientes comprometidos y emocionados. Aquí exploraremos cómo puedes innovar en todos los aspectos de la experiencia del cliente, desde la entrada al restaurante hasta el momento en que se van.

Diseño y Ambiente

El diseño y el ambiente de tu restaurante juegan un papel crucial en la experiencia del cliente. Aquí tienes algunas ideas para innovar en este aspecto:

- **Diseño Temático**: Considera la posibilidad de tener un diseño temático que refleje la identidad de tu restaurante. Por ejemplo, un restaurante italiano podría tener una decoración inspirada en la Toscana, mientras que un restaurante de sushi podría tener un diseño minimalista y zen.

- **Iluminación y Música**: Utiliza la iluminación y la música para crear el ambiente deseado. La iluminación suave y la música de fondo pueden crear una atmósfera relajada, mientras que la iluminación brillante y la música animada pueden hacer que el ambiente sea más enérgico.
- **Decoración Estacional**: Cambia la decoración de tu restaurante según la temporada. Esto no solo mantiene el ambiente fresco y emocionante, sino que también puede atraer a clientes que buscan una experiencia temática.

Transformación del Ambiente

En un restaurante en el que trabajé, decidimos renovar el diseño y la decoración para crear un ambiente más acogedor y temático. Optamos por un diseño inspirado en la Toscana, con paredes de piedra, viñedos pintados y muebles rústicos. Además, ajustamos la iluminación y la música para complementar el tema. La respuesta de los clientes fue increíble, y vimos un aumento en las reservas y en la satisfacción general de los clientes.

"El diseño es el alma de todo lo creado por el hombre" - Steve Jobs

Ejercicios Prácticos: Innovación en el Diseño

1. **Análisis del Espacio Actual**: Realiza un análisis del diseño y la decoración actuales de tu restaurante. Identifica áreas que podrían beneficiarse de una renovación.
2. **Inspiración y Brainstorming**: Busca inspiración en otros restaurantes, hoteles y espacios comerciales. Reúne a tu equipo para brainstormear ideas de

diseño temático.

3. **Planificación del Diseño**: Crea un plan detallado para la renovación del diseño, incluyendo la selección de colores, materiales, mobiliario e iluminación.
4. **Implementación y Evaluación**: Implementa el nuevo diseño y evalúa la respuesta de los clientes. Realiza ajustes según los comentarios y las observaciones.

Tecnología y Personalización

La tecnología puede mejorar significativamente la experiencia del cliente al permitir un servicio más rápido, preciso y personalizado. Aquí tienes algunas ideas para implementar tecnología en tu restaurante:

- **Pedidos en la Mesa**: Implementa sistemas de pedidos en la mesa que permitan a los clientes realizar sus pedidos directamente desde una tablet o su propio dispositivo móvil. Esto puede reducir los errores y acelerar el servicio.
- **Aplicaciones de Fidelización**: Desarrolla una aplicación de fidelización que permita a los clientes acumular puntos, recibir ofertas personalizadas y hacer reservas en línea. La personalización puede mejorar la satisfacción del cliente y aumentar la lealtad.
- **Pagos Móviles**: Ofrece opciones de pago móvil para facilitar el proceso de pago y reducir el tiempo de espera. Los pagos móviles también pueden integrarse con programas de fidelización para una experiencia más fluida.

Implementación de Tecnología

En un restaurante en el que trabajé, implementamos un

sistema de pedidos en la mesa y una aplicación de fidelización. Los clientes podían realizar sus pedidos desde una tablet y acumular puntos a través de la aplicación. Esto no solo mejoró la eficiencia del servicio, sino que también aumentó la satisfacción y la lealtad de los clientes. Además, los datos recopilados a través de la aplicación nos permitieron personalizar las ofertas y mejorar la experiencia general del cliente.

Experiencias Interactivas

Crear experiencias interactivas puede hacer que tu restaurante se destaque y atraiga a más clientes. Aquí tienes algunas ideas para crear experiencias interactivas en tu restaurante:

- **Cocina a la Vista**: Permite a los clientes ver cómo se preparan sus platos con una cocina a la vista. Esto no solo añade un elemento de entretenimiento, sino que también muestra la calidad y frescura de tus ingredientes.
- **Catas y Talleres**: Organiza catas de vino, cerveza o comida, así como talleres de cocina donde los clientes puedan aprender nuevas habilidades y técnicas. Estas experiencias pueden atraer a entusiastas de la gastronomía y crear recuerdos duraderos.
- **Eventos Temáticos**: Celebra eventos temáticos, como noches de trivia, karaoke, noches culturales o cenas de maridaje. Estos eventos pueden atraer a diferentes grupos de clientes y crear una experiencia única y memorable.

Éxito con Experiencias Interactivas

En un restaurante en el que trabajé, comenzamos a ofrecer talleres de cocina los fines de semana. Los clientes podían aprender a preparar algunos de nuestros platos más populares bajo la guía de nuestros chefs. La respuesta fue abrumadoramente positiva, y las clases se llenaron rápidamente. Esta iniciativa no solo generó ingresos adicionales, sino que también fortaleció la relación con nuestros clientes y atrajo a nuevos visitantes interesados en la gastronomía.

"El servicio al cliente no debe ser solo un departamento, debe ser toda la empresa" - Tony Hsieh

Ejercicios Prácticos: Creación de Experiencias Interactivas
1. **Identificación de Oportunidades**: Revisa las características únicas de tu restaurante y las preferencias de tus clientes para identificar oportunidades de experiencias interactivas.
2. **Planificación de Eventos**: Desarrolla un calendario de eventos temáticos y experiencias interactivas. Considera las temporadas, días festivos y eventos locales para maximizar la asistencia.
3. **Marketing y Promoción**: Promociona tus eventos y experiencias a través de redes sociales, email marketing y publicidad local. Asegúrate de destacar los aspectos únicos y atractivos de cada evento.
4. **Evaluación y Mejora**: Realiza encuestas de satisfacción después de cada evento y recopila comentarios de los participantes. Utiliza esta información para mejorar y ajustar futuros eventos.

Atención al Cliente Personalizada

La personalización es clave para crear una experiencia memorable y única para cada cliente. Aquí tienes algunas estrategias para personalizar la atención al cliente en tu restaurante:

- **Conocimiento del Cliente**: Capacita a tu personal para recordar y reconocer a los clientes habituales. Anima a los camareros a preguntar por las preferencias de los clientes y a hacer recomendaciones personalizadas.
- **Ofertas Personalizadas**: Utiliza datos de ventas y comportamiento del cliente para crear ofertas y promociones personalizadas. Envía correos electrónicos personalizados con descuentos y promociones basadas en las preferencias y el historial de compras de los clientes.
- **Detalle en el Servicio**: Añade pequeños detalles personalizados en el servicio, como escribir un mensaje de agradecimiento en la factura o ofrecer un postre gratuito en el cumpleaños de un cliente. Estos gestos pueden dejar una impresión duradera y fomentar la lealtad.

Personalización del Servicio

En un restaurante en el que trabajé, implementamos un sistema de registro de preferencias de clientes. Los camareros podían acceder a este sistema para ver las preferencias y el historial de pedidos de los clientes. Esto nos permitió ofrecer un servicio altamente personalizado, como recordar las bebidas favoritas de un cliente o sugerir platos basados en sus preferencias anteriores. La satisfacción del cliente aumentó significativamente, y muchos clientes mencionaron la personalización como una de las razones principales por las que seguían regresando.

CAPÍTULO 15:
GESTIÓN DE CRISIS
Y REPUTACIÓN

La gestión de crisis y la reputación son aspectos críticos para cualquier restaurante. Aquí exploraremos cómo manejar situaciones de crisis, mantener una reputación positiva y recuperar la confianza de los clientes después de un incidente.

Preparación para la Crisis

Estar preparado para una crisis es esencial para minimizar su impacto. Aquí tienes algunas estrategias para prepararte:

- **Plan de Crisis**: Desarrolla un plan de crisis que detalle los pasos a seguir en diferentes escenarios, como problemas de salud y seguridad, desastres naturales o incidentes en el restaurante. Asegúrate de que todos los miembros del equipo estén familiarizados con el plan.
- **Comunicación Interna**: Establece un sistema de comunicación interna para garantizar que toda la información relevante se distribuya rápidamente entre el personal. Utiliza herramientas como grupos

de mensajes o aplicaciones de comunicación interna.
- **Entrenamiento del Personal**: Capacita a tu equipo para manejar situaciones de crisis de manera efectiva. Realiza simulacros de crisis regularmente para asegurarte de que todos sepan cómo responder.

Manejo de una Crisis de Salud

En un restaurante en el que trabajé, enfrentamos una crisis cuando un cliente tuvo una reacción alérgica severa a un ingrediente. Afortunadamente, teníamos un plan de crisis en su lugar. El personal actuó rápidamente para proporcionar atención médica y comunicarse con las autoridades. También nos aseguramos de comunicarnos de manera transparente con los demás clientes y medios de comunicación, explicando las medidas que habíamos tomado para evitar incidentes futuros. La rápida y efectiva gestión de la crisis nos ayudó a mantener la confianza de nuestros clientes.

"El problema no es el problema. El problema es tu actitud hacia el problema" - Capitán Jack Sparrow

Ejercicios Prácticos: Desarrollo de un Plan de Crisis

1. **Identificación de Riesgos**: Realiza una evaluación de riesgos para identificar posibles escenarios de crisis que tu restaurante podría enfrentar.
2. **Desarrollo del Plan**: Crea un plan detallado que incluya procedimientos específicos para cada tipo de crisis identificada. Asegúrate de incluir información de contacto de emergencia y roles y responsabilidades claras para el personal.
3. **Capacitación del Personal**: Capacita a tu equipo en el plan de crisis y realiza simulacros regulares para asegurarte de que todos sepan cómo actuar.

4. **Revisión y Actualización**: Revisa y actualiza regularmente el plan de crisis para asegurarte de que esté al día con las mejores prácticas y cualquier cambio en el restaurante.

Manejo de la Reputación

La reputación de tu restaurante es un activo valioso que debe ser protegido. Aquí tienes algunas estrategias para mantener una reputación positiva:

- **Monitorización de la Reputación**: Utiliza herramientas de monitorización de reputación para seguir lo que se dice sobre tu restaurante en línea. Responde a todas las reseñas y comentarios, tanto positivos como negativos, de manera oportuna y profesional.
- **Proactividad en la Comunicación**: Sé proactivo en la comunicación con tus clientes. Informa a tus clientes sobre cualquier cambio o incidente antes de que se convierta en un problema mayor.
- **Gestión de Reclamaciones**: Implementa un sistema eficiente para gestionar las reclamaciones de los clientes. Asegúrate de que las quejas se manejen de manera rápida y satisfactoria para evitar que se conviertan en problemas de reputación.

Recuperación de la Reputación

En un restaurante en el que trabajé, enfrentamos una serie de críticas negativas en línea debido a un cambio en la cocina que afectó la calidad de los platos. Decidimos abordar el problema de frente. Nos comunicamos con los clientes que habían dejado críticas negativas, les ofrecimos disculpas sinceras y les invitamos a regresar para una cena gratuita. Además, realizamos mejoras significativas en la cocina y la formación del personal. Este enfoque proactivo nos ayudó a recuperar la confianza de nuestros clientes y mejorar nuestra reputación en línea.

Recuperación de la Confianza

Después de una crisis, es crucial trabajar para recuperar la confianza de tus clientes. Aquí tienes algunas estrategias para lograrlo:

- **Transparencia y Honestidad**: Sé transparente y honesto sobre lo que sucedió y las medidas que estás tomando para evitar que vuelva a ocurrir. La transparencia puede ayudar a reconstruir la confianza.
- **Acciones Correctivas**: Implementa acciones correctivas para abordar los problemas que causaron la crisis. Comunica claramente estas acciones a tus clientes.
- **Gestos de Agradecimiento**: Muestra tu agradecimiento a los clientes que permanecieron leales durante la crisis. Ofrece descuentos, promociones especiales o eventos exclusivos para agradecer su apoyo.

Ejercicio Práctico: Plan de Recuperación de la Confianza

1. **Evaluación de Daños**: Realiza una evaluación detallada del impacto de la crisis en la confianza de los clientes y la reputación del restaurante.
2. **Desarrollo de Acciones Correctivas**: Identifica y planifica las acciones correctivas necesarias para abordar los problemas subyacentes y evitar futuras crisis.
3. **Comunicación con los Clientes**: Desarrolla un plan de comunicación para informar a los clientes sobre las medidas que estás tomando y cómo estás trabajando para mejorar.
4. **Implementación y Seguimiento**: Implementa las acciones correctivas y realiza un seguimiento regular para asegurarte de que están teniendo el efecto deseado. Ajusta el plan según sea necesario.

CAPÍTULO 16:
EXPANSIÓN Y
CRECIMIENTO

E l crecimiento y la expansión son objetivos ambiciosos pero alcanzables para cualquier restaurante. Aquí exploraremos estrategias para expandir tu negocio, desde la apertura de nuevas ubicaciones hasta el desarrollo de franquicias.

Evaluación de la Preparación para la Expansión

Antes de embarcarte en la expansión, es crucial evaluar si tu restaurante está listo para crecer. Aquí tienes algunos factores a considerar:

- **Estabilidad Financiera**: Asegúrate de que tu restaurante actual esté financieramente estable y rentable. La expansión requiere una inversión significativa, por lo que es importante tener una base financiera sólida.
- **Sistemas y Procesos**: Evalúa tus sistemas y procesos actuales para asegurarte de que sean escalables. Esto incluye la gestión de inventario, la formación del personal y los sistemas de TI.

- **Marca y Reputación**: Considera la fortaleza de tu marca y tu reputación. Una marca fuerte y una reputación positiva pueden facilitar la expansión y atraer a nuevos clientes.

Evaluación de la Preparación

En un restaurante en el que trabajé, realizamos una evaluación exhaustiva antes de decidir expandirnos. Nos aseguramos de que teníamos una base financiera sólida, sistemas escalables y una marca fuerte. Esta evaluación nos dio la confianza para seguir adelante con nuestros planes de expansión, lo que resultó en la apertura exitosa de una nueva ubicación.

"El éxito no se mide por el dinero que ganas, sino por la diferencia que haces en la vida de las personas" - Michelle Obama

Ejercicios Prácticos: Evaluación para la Expansión

1. **Análisis Financiero**: Realiza un análisis financiero detallado para evaluar la rentabilidad y la estabilidad de tu restaurante actual.
2. **Evaluación de Sistemas**: Revisa tus sistemas y procesos para asegurarte de que sean escalables. Identifica áreas que necesitan mejoras antes de la expansión.
3. **Análisis de Marca**: Evalúa la fortaleza de tu marca y tu reputación. Realiza encuestas de satisfacción del cliente y análisis de la competencia para obtener una visión completa.

4. **Desarrollo de un Plan de Expansión**: Crea un plan detallado que incluya los objetivos de expansión, el cronograma y el presupuesto estimado.

Apertura de Nuevas Ubicaciones

La apertura de nuevas ubicaciones es una estrategia común para la expansión. Aquí tienes algunas consideraciones clave:

• **Investigación de Mercado**: Realiza una investigación de mercado exhaustiva para identificar ubicaciones potenciales. Considera factores como la demografía, la competencia y el tráfico peatonal.

• **Selección de Ubicaciones**: Selecciona ubicaciones que estén alineadas con tu marca y tu público objetivo. Evalúa factores como el costo de alquiler, el acceso y la visibilidad.

• **Gestión de la Apertura**: Planifica y gestiona la apertura de nuevas ubicaciones de manera eficiente. Esto incluye la contratación y formación del personal, la coordinación de la logística y la promoción de la nueva ubicación.

Apertura de una Nueva Ubicación

En un restaurante en el que trabajé, decidimos abrir una nueva ubicación en una zona emergente de la ciudad. Realizamos una investigación de mercado exhaustiva y seleccionamos una ubicación con alto tráfico peatonal y una demografía alineada con nuestro público objetivo. La planificación y gestión cuidadosa de la apertura nos permitió tener una inauguración exitosa y atraer a una base sólida de clientes desde el primer día.

Desarrollo de Franquicias

El desarrollo de franquicias es una estrategia de expansión que permite crecer rápidamente con una inversión de capital relativamente baja. Aquí tienes algunas consideraciones para desarrollar un modelo de franquicia:

- **Desarrollo del Modelo de Negocio**: Crea un modelo de negocio detallado que incluya todos los aspectos operativos, desde la gestión del inventario hasta la formación del personal. Asegúrate de que el modelo sea escalable y replicable.
- **Manual de Operaciones**: Desarrolla un manual de operaciones completo que describa todos los procedimientos y estándares que los franquiciados deben seguir. Esto asegura la consistencia y la calidad en todas las ubicaciones.
- **Selección de Franquiciados**: Selecciona franquiciados que compartan tus valores y visión. Evalúa su experiencia, capacidad financiera y compromiso con la marca.
- **Soporte y Supervisión**: Proporciona soporte continuo a los franquiciados, incluyendo formación, marketing y supervisión. Mantén una comunicación abierta y asegúrate de que los franquiciados cumplan con los estándares de la marca.

Desarrollo de una Franquicia

Desarrollamos un modelo de franquicia para un restaurante en el que trabajé que incluía un manual de operaciones detallado y un programa de formación exhaustivo. Seleccionamos cuidadosamente a los franquiciados y proporcionamos soporte continuo para asegurar el éxito de cada ubicación. Este enfoque nos permitió expandir rápidamente y mantener la consistencia y la calidad en todas las franquicias.

Estrategias de Crecimiento Internacional

Expandirse a mercados internacionales puede ser una

estrategia de crecimiento lucrativa, pero también presenta desafíos únicos. Aquí tienes algunas consideraciones para la expansión internacional:

- **Investigación de Mercado Internacional**: Realiza una investigación de mercado exhaustiva para identificar mercados internacionales potenciales. Considera factores como la demanda, la competencia y las barreras culturales y legales.
- **Adaptación del Modelo de Negocio**: Adapta tu modelo de negocio a los mercados locales. Esto puede incluir ajustes en el menú, la decoración y el marketing para alinearse con las preferencias y expectativas locales.
- **Selección de Socios Locales**: Colabora con socios locales que tengan un conocimiento profundo del mercado y la cultura. Esto puede facilitar la entrada al mercado y ayudar a superar barreras culturales y legales.
- **Gestión de la Expansión Internacional**: Planifica y gestiona la expansión internacional de manera cuidadosa. Esto incluye la selección de ubicaciones, la contratación y formación del personal, y la coordinación de la logística y el marketing.
-

Expansión Internacional

En un restaurante en el que trabajé, decidimos expandirnos a un mercado internacional emergente. Realizamos una investigación de mercado exhaustiva y seleccionamos un socio local con experiencia en la industria de la restauración. Adaptamos nuestro modelo de negocio y nuestro menú para alinearnos con las preferencias locales y trabajamos en estrecha colaboración con nuestro socio para asegurar una entrada exitosa al mercado. La expansión internacional resultó en un crecimiento significativo y una mayor visibilidad de la marca.

CAPÍTULO 17: INNOVACIÓN EN PRODUCTOS Y SERVICIOS

L a innovación en productos y servicios es clave para mantener la competitividad y atraer a nuevos clientes. Aquí exploraremos cómo puedes innovar en tu oferta gastronómica y en los servicios que proporcionas para mantener la frescura y la relevancia de tu restaurante.

Desarrollo de Nuevos Productos

La creación de nuevos productos puede revitalizar tu menú y atraer a una base de clientes más amplia. Aquí tienes algunas estrategias para desarrollar nuevos productos:

- **Investigación de Tendencias**: Mantente al tanto de las tendencias gastronómicas emergentes a nivel mundial. Visita ferias de alimentos, sigue a chefs innovadores y prueba nuevos ingredientes y técnicas.
- **Pruebas y Prototipos**: Desarrolla prototipos de nuevos platos y realiza pruebas internas. Recoge la opinión de tu equipo y realiza ajustes antes de

introducirlos en el menú.

- **Lanzamiento de Productos**: Introduce nuevos productos como especiales del día o de la semana antes de agregarlos permanentemente al menú. Esto permite evaluar la respuesta de los clientes y hacer ajustes según sea necesario.

•

Éxito con Nuevos Productos

En una oportunidad, lanzamos una serie de platos inspirados en la cocina asiática contemporánea. Realizamos pruebas internas y luego los introdujimos como especiales del día. La respuesta de los clientes fue extremadamente positiva, y los platos se convirtieron en parte permanente del menú, aumentando nuestras ventas y atrayendo a nuevos clientes.

"La innovación distingue a los líderes de los seguidores" - *Steve Jobs*

Ejercicios Prácticos: Desarrollo de Nuevos Productos

1. **Investigación de Mercado**: Realiza una investigación de mercado para identificar tendencias emergentes y gustos de los consumidores. Analiza lo que está funcionando bien en otros restaurantes y cómo puedes adaptarlo a tu propia oferta.
2. **Brainstorming de Ideas**: Reúne a tu equipo para una sesión de brainstorming de nuevas ideas de productos. Anima a todos a contribuir con ideas y crea una lista de posibles nuevos platos.
3. **Pruebas Internas**: Desarrolla prototipos de los nuevos platos y realiza pruebas internas con tu equipo. Recoge sus opiniones y realiza ajustes según sea necesario.

4. **Lanzamiento y Evaluación**: Introduce los nuevos productos como especiales del día y recoge la opinión de los clientes. Evalúa el rendimiento de los nuevos productos y decide si deben añadirse permanentemente al menú.

Mejora de los Servicios

La mejora de los servicios puede diferenciar tu restaurante y crear una experiencia excepcional para tus clientes. Aquí tienes algunas ideas para mejorar tus servicios:

- **Servicio de Entrega y Recogida**: Ofrece un servicio eficiente de entrega y recogida para satisfacer a los clientes que prefieren disfrutar de tus platos en casa. Utiliza plataformas de entrega en línea y asegúrate de que los pedidos se gestionen de manera rápida y precisa.
- **Reservas en Línea**: Implementa un sistema de reservas en línea para facilitar a los clientes la reserva de mesas. Esto no solo mejora la experiencia del cliente, sino que también te ayuda a gestionar mejor la ocupación de tu restaurante.
- **Atención Personalizada**: Entrena a tu personal para ofrecer una atención personalizada y atenta. Recuerda a los clientes habituales y sus preferencias, y asegúrate de que cada visita sea especial.

Mejora del Servicio de Entrega

Implementamos un sistema de entrega en línea En una oportunidad, integrándonos con plataformas populares de entrega. Nos aseguramos de que los pedidos se prepararan rápidamente y se empaquetaran adecuadamente para mantener la calidad. La respuesta de los clientes fue positiva, y nuestras ventas de entrega aumentaron significativamente.

Tecnología en el Servicio

La tecnología puede jugar un papel importante en la mejora de los servicios. Aquí tienes algunas formas en que puedes utilizar la tecnología para mejorar la experiencia del cliente:

- **Aplicaciones Móviles**: Desarrolla una aplicación móvil que permita a los clientes realizar pedidos, hacer reservas y acumular puntos de fidelización. Una aplicación puede facilitar las interacciones con tu restaurante y mejorar la satisfacción del cliente.
- **Pagos Sin Contacto**: Implementa sistemas de pago sin contacto para agilizar el proceso de pago y mejorar la seguridad. Los pagos móviles y las tarjetas sin contacto pueden hacer que el proceso de pago sea más rápido y cómodo.
- **Menús Digitales**: Utiliza menús digitales que se puedan actualizar fácilmente y que ofrezcan descripciones detalladas y fotos de los platos. Los menús digitales también pueden incluir opciones de personalización y recomendaciones de maridaje.

Ejercicio Práctico: Implementación de Tecnología en el Servicio

1. **Evaluación de Necesidades**: Identifica las áreas de tu servicio que podrían beneficiarse de la tecnología. Considera la experiencia del cliente, la eficiencia operativa y la seguridad.

2. **Investigación de Soluciones**: Investiga las soluciones tecnológicas disponibles que puedan satisfacer tus necesidades. Evalúa sus características, costos y facilidad de implementación.
3. **Implementación**: Implementa las soluciones tecnológicas seleccionadas y capacita a tu personal en su uso. Asegúrate de comunicar los beneficios a tus clientes para que comprendan y adopten las nuevas tecnologías.
4. **Seguimiento y Mejora**: Realiza un seguimiento del impacto de las nuevas tecnologías y recoge la opinión de los clientes y del personal. Realiza ajustes según sea necesario para mejorar la experiencia del cliente.

CAPÍTULO 18: RESPONSABILIDAD SOCIAL Y SOSTENIBILIDAD

L a responsabilidad social y la sostenibilidad son cada vez más importantes para los consumidores. Aquí exploraremos cómo tu restaurante puede adoptar prácticas sostenibles y ser un buen ciudadano corporativo.

Prácticas Sostenibles

Adoptar prácticas sostenibles no solo es bueno para el planeta, sino que también puede ser un punto de venta para tu restaurante. Aquí tienes algunas ideas para hacer que tu restaurante sea más sostenible:

- **Reducción de Residuos**: Implementa programas de reducción de residuos, como el reciclaje y el compostaje. Reduce el uso de plásticos de un solo uso y opta por envases reciclables y biodegradables.
- **Eficiencia Energética**: Mejora la eficiencia energética de tu restaurante utilizando equipos eficientes, optimizando la iluminación y ajustando el sistema de

calefacción y refrigeración. Considera la instalación de paneles solares si es posible.

• **Abastecimiento Local y Orgánico**: Compra productos locales y orgánicos siempre que sea posible. Esto no solo reduce la huella de carbono de tu restaurante, sino que también apoya a los agricultores y productores locales.

Implementación de Prácticas Sostenibles

En una oportunidad, implementamos un programa integral de sostenibilidad que incluía el reciclaje, el compostaje y la compra de productos locales y orgánicos. Redujimos significativamente nuestros residuos y mejoramos nuestra eficiencia energética. Además, nuestros clientes apreciaron nuestro compromiso con la sostenibilidad, lo que fortaleció nuestra reputación y atrajo a una base de clientes más consciente del medio ambiente.

"El futuro de la sostenibilidad no es solo una opción, es una necesidad" - Paul Polman

Ejercicios Prácticos: Implementación de Prácticas Sostenibles

1. **Evaluación de Impacto**: Realiza una evaluación del impacto ambiental de tu restaurante para identificar áreas de mejora. Considera el uso de energía, la gestión de residuos y el abastecimiento de productos.
2. **Desarrollo de un Plan de Sostenibilidad**: Desarrolla un plan detallado para implementar prácticas sostenibles en tu restaurante. Incluye objetivos específicos, acciones a tomar y un cronograma.
3. **Capacitación del Personal**: Capacita a tu personal en prácticas sostenibles y asegúrate de que comprendan la importancia de la sostenibilidad. Fomenta la

participación y las ideas de todos los miembros del equipo.

4. **Comunicación con los Clientes**: Comunica tus esfuerzos de sostenibilidad a tus clientes a través de menús, señalización en el restaurante y redes sociales. Anima a los clientes a participar en tus iniciativas, como programas de reciclaje y eventos de sostenibilidad.

Responsabilidad Social Corporativa

La responsabilidad social corporativa (RSC) implica tomar decisiones empresariales que beneficien a la comunidad y al medio ambiente. Aquí tienes algunas formas en que tu restaurante puede ser un buen ciudadano corporativo:

- **Donaciones y Patrocinios**: Apoya a organizaciones benéficas y eventos comunitarios a través de donaciones y patrocinios. Esto puede incluir la donación de alimentos a bancos de alimentos, el patrocinio de eventos locales y la participación en campañas de recaudación de fondos.
- **Voluntariado del Personal**: Fomenta el voluntariado entre tu personal organizando y participando en eventos comunitarios. Ofrece tiempo libre pagado para que los empleados participen en actividades de voluntariado.
- **Programas de Inclusión**: Implementa programas de inclusión que apoyen la diversidad y la igualdad en el lugar de trabajo. Esto puede incluir la contratación inclusiva, la formación en diversidad y la creación de un ambiente de trabajo respetuoso y acogedor.

Responsabilidad Social Corporativa

En una oportunidad, lanzamos una serie de iniciativas de responsabilidad social que incluían la donación de alimentos

EL CAMINO DEL RESTAURADOR

a bancos de alimentos locales, el patrocinio de eventos comunitarios y la organización de actividades de voluntariado para el personal. Estas iniciativas no solo tuvieron un impacto positivo en la comunidad, sino que también mejoraron la moral del personal y la percepción de nuestra marca entre los clientes.

Comunicación y Transparencia

La transparencia es clave para ganar la confianza de los clientes y la comunidad. Aquí tienes algunas estrategias para comunicar tus esfuerzos de responsabilidad social y sostenibilidad:

- **Informes de Sostenibilidad**: Publica informes de sostenibilidad que detallen tus esfuerzos y logros en materia de sostenibilidad y responsabilidad social. Comparte estos informes en tu sitio web y redes sociales.
- **Etiquetas y Señalización**: Utiliza etiquetas y señalización en el restaurante para informar a los clientes sobre tus prácticas sostenibles y esfuerzos de responsabilidad social. Esto puede incluir etiquetas de productos locales y orgánicos, señalización de reciclaje y compostaje, y anuncios de eventos comunitarios.
- **Redes Sociales y Marketing**: Utiliza las redes sociales y el marketing para destacar tus iniciativas de sostenibilidad y responsabilidad social. Comparte historias y fotos de tus actividades y logros, y anima a los clientes a participar y apoyar tus esfuerzos.

Ejercicio Práctico: Comunicación de Sostenibilidad

1. **Desarrollo de un Informe de Sostenibilidad**: Crea un informe de sostenibilidad que detalle tus esfuerzos y logros en materia de sostenibilidad y responsabilidad

social. Incluye datos, historias y testimonios.

2. **Diseño de Etiquetas y Señalización**: Diseña etiquetas y señalización para informar a los clientes sobre tus prácticas sostenibles y esfuerzos de responsabilidad social. Asegúrate de que sean claras y atractivas.

3. **Planificación de Campañas en Redes Sociales**: Planifica campañas en redes sociales para destacar tus iniciativas de sostenibilidad y responsabilidad social. Utiliza fotos, videos y testimonios para contar tu historia.

4. **Recopilación de Feedback**: Recoge la opinión de los clientes sobre tus esfuerzos de sostenibilidad y responsabilidad social. Utiliza encuestas, comentarios en redes sociales y conversaciones directas para obtener retroalimentación y mejorar tus iniciativas.

CAPÍTULO 19: FORMACIÓN CONTINUA Y DESARROLLO PROFESIONAL

La formación continua y el desarrollo profesional son esenciales para mantener a tu equipo motivado y mejorar constantemente la calidad del servicio en tu restaurante. Aquí exploraremos cómo puedes invertir en el crecimiento de tu personal y fomentar una cultura de aprendizaje.

Formación Inicial y de Inducción

La formación inicial y de inducción es crucial para asegurar que los nuevos empleados comprendan sus responsabilidades y se integren rápidamente en la cultura del restaurante. Aquí tienes algunas estrategias para una formación efectiva:

- **Programa de Inducción**: Desarrolla un programa de inducción estructurado que cubra la historia, misión, valores y políticas del restaurante, así como las responsabilidades específicas del puesto.
- **Mentoría**: Asigna mentores a los nuevos empleados para que los guíen durante sus primeras semanas. Los mentores pueden proporcionar apoyo, responder preguntas y ayudar a los nuevos empleados a adaptarse.
- **Capacitación en el Puesto de Trabajo**: Proporciona capacitación práctica en el puesto de trabajo para que los nuevos empleados puedan aprender haciendo. Utiliza escenarios reales para enseñar habilidades y procedimientos específicos.

Éxito en la Formación de Inducción

En una oportunidad, implementamos un programa de inducción integral que incluía sesiones de orientación, mentoría y capacitación práctica. Esto no solo aceleró el proceso de integración de los nuevos empleados, sino que también mejoró la retención y la satisfacción del personal.

"El aprendizaje nunca agota la mente" - Leonardo da Vinci

Ejercicios Prácticos: Desarrollo de un Programa de Inducción

1. **Diseño del Programa de Inducción**: Desarrolla un programa de inducción que cubra todos los aspectos esenciales de tu restaurante, desde la historia y la misión hasta las políticas y los procedimientos específicos del puesto.
2. **Selección de Mentores**: Selecciona mentores experimentados y capacitados para guiar a los nuevos empleados. Proporciona formación a los

mentores para asegurarte de que comprendan su rol y responsabilidades.

3. **Planificación de la Capacitación en el Puesto de Trabajo**: Planifica sesiones de capacitación práctica en el puesto de trabajo que utilicen escenarios reales para enseñar habilidades y procedimientos específicos. Asegúrate de que los nuevos empleados tengan oportunidades de practicar y recibir retroalimentación.

4. **Evaluación del Programa de Inducción**: Recoge la opinión de los nuevos empleados sobre el programa de inducción y realiza ajustes según sea necesario para mejorar la efectividad del programa.

Formación Continua y Desarrollo Profesional

La formación continua y el desarrollo profesional son esenciales para mantener a tu equipo motivado y mejorar constantemente la calidad del servicio. Aquí tienes algunas estrategias para fomentar el aprendizaje continuo:

- **Talleres y Seminarios**: Organiza talleres y seminarios regulares sobre temas relevantes, como técnicas de cocina, servicio al cliente y gestión del tiempo. Invita a expertos externos para proporcionar una perspectiva fresca y valiosa.
- **Cursos en Línea y Certificaciones**: Ofrece acceso a cursos en línea y programas de certificación que permitan a los empleados desarrollar nuevas habilidades y avanzar en su carrera. Anima a tu equipo a participar en programas de formación continua y proporcionar incentivos para completarlos.
- **Evaluaciones y Feedback**: Realiza evaluaciones regulares del desempeño y proporciona feedback

constructivo. Utiliza las evaluaciones para identificar áreas de mejora y desarrollar planes de formación personalizados.

Formación Continua en el Restaurante

En una oportunidad, implementamos un programa de formación continua que incluía talleres mensuales, acceso a cursos en línea y evaluaciones regulares del desempeño. Esto no solo mejoró las habilidades y el conocimiento del personal, sino que también aumentó la moral y la retención de empleados. Los empleados se sintieron valorados y motivados para seguir aprendiendo y creciendo en sus roles.

Desarrollo de Habilidades de Liderazgo

El desarrollo de habilidades de liderazgo es crucial para preparar a los empleados para roles de mayor responsabilidad. Aquí tienes algunas estrategias para desarrollar líderes dentro de tu restaurante:

- **Programas de Mentoría**: Implementa programas de mentoría que permitan a los empleados aprender de líderes experimentados. Los mentores pueden proporcionar orientación y apoyo, ayudando a los empleados a desarrollar sus habilidades de liderazgo.
- **Oportunidades de Liderazgo**: Proporciona oportunidades para que los empleados asuman roles de liderazgo en proyectos y equipos. Esto puede incluir la gestión de eventos, la supervisión de turnos y la dirección de iniciativas de mejora.
- **Formación en Habilidades de Liderazgo**: Ofrece formación específica en habilidades de liderazgo, como la gestión de equipos, la resolución de conflictos y la toma de decisiones. Utiliza talleres, cursos y seminarios para enseñar estas habilidades.

Ejercicio Práctico: Desarrollo de Habilidades de Liderazgo

1. **Identificación de Candidatos**: Identifica a los empleados con potencial de liderazgo y que muestren interés en asumir roles de mayor responsabilidad.
2. **Desarrollo de un Plan de Mentoría**: Diseña un programa de mentoría que permita a los empleados aprender de líderes experimentados. Selecciona mentores adecuados y proporciona formación para asegurar que comprendan su rol.
3. **Planificación de Oportunidades de Liderazgo**: Proporciona oportunidades para que los empleados asuman roles de liderazgo en proyectos y equipos. Define claramente los objetivos y responsabilidades de cada oportunidad.
4. **Evaluación y Feedback**: Realiza evaluaciones regulares del desempeño en roles de liderazgo y proporciona feedback constructivo. Utiliza las evaluaciones para identificar áreas de mejora y desarrollar planes de formación personalizados.

CAPÍTULO 20: ESTRATEGIAS PARA EL FUTURO

El futuro de la restauración está lleno de desafíos y oportunidades. Aquí exploraremos cómo puedes prepararte para el futuro, aprovechar las tendencias emergentes y asegurar el éxito a largo plazo de tu restaurante.

Adaptación a las Tendencias del Mercado

Mantenerse al tanto de las tendencias del mercado es crucial para mantenerse competitivo. Aquí tienes algunas estrategias para adaptarte a las tendencias emergentes:

- **Investigación Continua**: Realiza investigaciones continuas sobre las tendencias del mercado y las preferencias de los consumidores. Utiliza informes de la industria, encuestas de consumidores y análisis de la competencia para mantenerte informado.
- **Innovación de Productos y Servicios**: Adapta tu oferta de productos y servicios para alinearte con las tendencias del mercado. Esto puede incluir la introducción de nuevos platos, la actualización de la

decoración y la mejora de los servicios.

- **Marketing y Comunicación**: Ajusta tus estrategias de marketing y comunicación para destacar tu alineación con las tendencias del mercado. Utiliza las redes sociales, el marketing de contenidos y las campañas publicitarias para comunicar tus innovaciones.

Adaptación a las Tendencias de la Alimentación Saludable

En una oportunidad, observamos una creciente demanda de opciones de alimentación saludable. Decidimos introducir una línea de platos saludables que incluían ingredientes frescos y orgánicos, opciones vegetarianas y sin gluten. Promocionamos estos nuevos platos a través de nuestras redes sociales y campañas de marketing. La respuesta de los clientes fue extremadamente positiva, y nuestras ventas aumentaron significativamente.

"El cambio es la ley de la vida. Y aquellos que solo miran al pasado o al presente se perderán el futuro" - John F. Kennedy

Ejercicios Prácticos: Adaptación a las Tendencias del Mercado

1. **Investigación de Tendencias**: Realiza una investigación sobre las tendencias actuales y emergentes en la industria de la restauración. Utiliza informes de la industria, encuestas de consumidores y análisis de la competencia.
2. **Brainstorming de Innovaciones**: Reúne a tu equipo para una sesión de brainstorming sobre cómo adaptar tu oferta a las tendencias del mercado. Genera ideas para nuevos productos, servicios y

estrategias de marketing.

3. **Desarrollo de Prototipos**: Desarrolla prototipos de las innovaciones identificadas y realiza pruebas internas. Recoge la opinión de tu equipo y realiza ajustes según sea necesario.

4. **Lanzamiento y Evaluación**: Introduce las innovaciones en el mercado y recoge la opinión de los clientes. Evalúa el rendimiento de las innovaciones y realiza ajustes según sea necesario para maximizar su éxito.

Sostenibilidad y Responsabilidad Social

La sostenibilidad y la responsabilidad social seguirán siendo aspectos importantes para los consumidores. Aquí tienes algunas estrategias para fortalecer tu compromiso con estos valores:

- **Iniciativas de Sostenibilidad**: Amplía tus iniciativas de sostenibilidad para incluir nuevas prácticas y tecnologías. Esto puede incluir la adopción de energías renovables, la reducción de residuos y la compra de productos sostenibles.

- **Responsabilidad Social Corporativa**: Fortalece tu compromiso con la responsabilidad social corporativa apoyando a organizaciones benéficas, participando en eventos comunitarios y promoviendo la diversidad y la inclusión en el lugar de trabajo.

- **Comunicación Transparente**: Comunica de manera transparente tus esfuerzos de sostenibilidad y responsabilidad social a tus clientes. Utiliza informes de sostenibilidad, etiquetas y señalización, y campañas de marketing para destacar tus logros.

Fortalecimiento de la Sostenibilidad

En una oportunidad, decidimos fortalecer nuestras iniciativas de sostenibilidad adoptando nuevas prácticas y tecnologías. Instalamos paneles solares, implementamos un programa de compostaje y comenzamos a comprar productos de proveedores sostenibles. Comunicamos estos esfuerzos a nuestros clientes a través de informes de sostenibilidad, señalización en el restaurante y campañas de marketing. Estos esfuerzos no solo mejoraron nuestra sostenibilidad, sino que también fortalecieron nuestra reputación y atrajeron a clientes más conscientes del medio ambiente.

Innovación y Tecnología

La innovación y la tecnología seguirán siendo factores clave en el futuro de la restauración. Aquí tienes algunas estrategias para aprovechar la tecnología y la innovación:

- **Tecnología de Gestión**: Adopta tecnologías avanzadas para mejorar la gestión operativa, como sistemas de gestión de inventario, aplicaciones de reservas y pagos móviles. Estas tecnologías pueden mejorar la eficiencia y la experiencia del cliente.
- **Experiencias Interactivas**: Utiliza la tecnología para crear experiencias interactivas y personalizadas para los clientes. Esto puede incluir menús digitales, sistemas de pedidos en la mesa y aplicaciones de fidelización.
- **Innovaciones en la Cocina**: Adopta innovaciones en la cocina, como técnicas de cocción avanzadas, equipos de alta tecnología y ingredientes innovadores. Estas innovaciones pueden mejorar la calidad y la creatividad de tus platos.

Ejercicio Práctico: Implementación de Tecnología e

Innovación

1. **Evaluación de Necesidades Tecnológicas**: Identifica las áreas de tu operación que podrían beneficiarse de la tecnología y la innovación. Considera la gestión operativa, la experiencia del cliente y la calidad de los productos.
2. **Investigación de Soluciones Tecnológicas**: Investiga las soluciones tecnológicas disponibles que puedan satisfacer tus necesidades. Evalúa sus características, costos y facilidad de implementación.
3. **Desarrollo de Prototipos y Pruebas**: Desarrolla prototipos de las soluciones tecnológicas identificadas y realiza pruebas internas. Recoge la opinión de tu equipo y realiza ajustes según sea necesario.
4. **Implementación y Seguimiento**: Implementa las soluciones tecnológicas seleccionadas y realiza un seguimiento de su impacto. Recoge la opinión de los clientes y del personal y realiza ajustes según sea necesario.

Visión a Largo Plazo

Desarrollar una visión a largo plazo es esencial para asegurar el éxito continuo de tu restaurante. Aquí tienes algunas estrategias para desarrollar y mantener una visión a largo plazo:

- **Planificación Estratégica**: Desarrolla un plan estratégico a largo plazo que incluya objetivos específicos, acciones a tomar y un cronograma. Asegúrate de que el plan esté alineado con tu misión, visión y valores.
- **Adaptabilidad y Flexibilidad**: Mantén la adaptabilidad y la flexibilidad para ajustar tu plan según las circunstancias cambiantes. Esté preparado para enfrentar desafíos y aprovechar oportunidades a

medida que surjan.

- **Liderazgo Inspirador**: Proporciona un liderazgo inspirador y comprometido que motive a tu equipo a trabajar hacia la visión a largo plazo. Comunica claramente tus objetivos y fomenta la colaboración y la innovación.

Desarrollo de una Visión a Largo Plazo

En una oportunidad, desarrollamos una visión a largo plazo que incluía objetivos específicos para la expansión, la sostenibilidad y la innovación. Desarrollamos un plan estratégico detallado y nos aseguramos de que todos los miembros del equipo comprendieran y se comprometieran con la visión. Este enfoque nos permitió crecer de manera sostenible y mantenernos competitivos en un mercado en constante cambio.

DESPEDIDA

La industria de la restauración es un campo vibrante y dinámico, lleno de oportunidades y desafíos. A lo largo de este libro, hemos explorado una variedad de estrategias y tácticas diseñadas para ayudarte a optimizar tu operación, mejorar la experiencia del cliente, innovar en tu oferta gastronómica y asegurar la sostenibilidad y el éxito a largo plazo de tu restaurante.

Desde la evaluación inicial de tu restaurante hasta la implementación de prácticas sostenibles y la adaptación a las tendencias emergentes, cada capítulo ha proporcionado herramientas y conocimientos prácticos que puedes aplicar directamente en tu negocio. La clave del éxito en la restauración reside en la capacidad de adaptarse, innovar y mantener un enfoque centrado en el cliente.

Un Recorrido por el Éxito

Empezamos con la importancia de una preparación meticulosa y la realización de auditorías iniciales para identificar áreas de mejora. Exploramos cómo mejorar el servicio al cliente, una pieza fundamental en la experiencia gastronómica, y cómo la innovación en la cocina puede atraer a nuevos clientes y mantener a los habituales emocionados.

El marketing y la promoción fueron temas cruciales, destacando la necesidad de estrategias efectivas para atraer y retener clientes. La gestión financiera y el control de costos se abordaron como pilares para la rentabilidad, mientras que la gestión de personal y la creación de una cultura organizacional positiva se presentaron como elementos esenciales para mantener un equipo motivado y eficiente.

También profundizamos en la importancia de la tecnología y cómo puede transformar la operación y la experiencia del cliente en tu restaurante. La sostenibilidad y la responsabilidad social se presentaron no solo como una necesidad ética sino también como una estrategia para atraer a clientes conscientes del medio ambiente.

Mirando Hacia el Futuro

El futuro de la restauración está lleno de oportunidades para aquellos que estén dispuestos a adaptarse y evolucionar. La formación continua y el desarrollo profesional son esenciales para mantener a tu equipo motivado y mejorar constantemente. La innovación en productos y servicios, así como la adaptación a las tendencias del mercado, son cruciales para mantenerse relevante y competitivo.

A medida que te preparas para enfrentar los desafíos del futuro, recuerda que el éxito no es un destino, sino un viaje continuo de aprendizaje y adaptación. Mantén siempre una visión clara, sé flexible y abierto al cambio, y lidera con inspiración y compromiso.

Una Invitación a la Mentoría

Si estás buscando llevar tu restaurante al siguiente nivel y deseas recibir asesoramiento personalizado, te invito a explorar mis servicios de mentoría en **www.germandebonis.com**. Con años de experiencia en la industria de la restauración, estoy aquí para ayudarte a alcanzar tus objetivos y a superar cualquier desafío que puedas enfrentar.

La mentoría puede proporcionarte las herramientas y el apoyo que necesitas para transformar tu visión en realidad. Ya sea que estés comenzando un nuevo negocio, buscando expandir tu operación actual o simplemente necesites orientación para optimizar tu gestión, estoy aquí para ayudarte a cada paso del camino.

Motivación y Inspiración

Quiero dejarte con una reflexión motivadora: el éxito en la restauración no se mide solo por las cifras de ventas o los márgenes de beneficio, sino por la pasión y el compromiso que pones en tu trabajo. Cada cliente satisfecho, cada plato bien preparado y cada experiencia memorable son testimonio del esfuerzo y la dedicación que has invertido.

Mantén viva esa pasión, sigue aprendiendo y creciendo, y nunca pierdas de vista el impacto positivo que puedes tener en la vida de tus clientes y tu comunidad. El viaje puede ser desafiante, pero con determinación y un enfoque centrado en la excelencia, puedes lograr grandes cosas.

Gracias por acompañarme en este recorrido. Estoy emocionado de ver cómo aplicas estas estrategias y conocimientos en tu restaurante y espero tener la oportunidad de trabajar contigo en el futuro.

¡Adelante, el éxito te espera!

www.ingramcontent.com/pod-product-compliance
Lightning Source LLC
Chambersburg PA
CBHW070112230526
45472CB00004B/1224